銀行不祥事の落とし穴

Susumu Inoue
井上 享 著

銀行研修社

はじめに

「コンプライアンス」という言葉が金融界で使われるようになって何年が経つだろうか？この間、各金融機関のコンプライアンス態勢は格段に進歩し、内部統制も機能するようになった。金融商品取引法も施行された。この結果、いわゆる不祥事件は大幅に減少し、経営層から現場に至るまで法令が遵守される態勢が完成された、はずである。

ところが実態は惨憺たるものだ。金融庁のホームページに「行政処分事例集」というものが公表されている。この中から業態を預金取扱金融機関とし内部管理態勢強化等を処分の内容としてフィルタリングしてみると、平成一四年度から平成二〇年度の七年間で一八三件が記載されている。最も重大な処分である業務停止は、主たる処分原因に法令等遵守が含まれるものが七年間に一五件も発生している。全体の趨勢としては平成一五～一八年度をピークとして減少しているように見えるが、金融機関全体の数が減っている点や行政処分に至らないものを考えると、決して安心出来る状況ではない。

本書は、銀行研修社の月刊誌『ファイナンシャルコンプライアンス』に連載している「不祥事件に見る管理の落とし穴」を修正・加筆しまとめたものである。この連載の契機は、現場で起きている不祥事件を分かりやすく（ドラマ風に）解説して、現場の管理に役立てて頂こうとするものだった。実際に連載を開始すると、残念なことに話のネタは尽きないことに驚かされる。

金融機関が不祥事件を皆無にしたいのは当然のことだ。しかし実際に不祥事件は日々起きていて、時代も手口も様々である。本書は、実際に発生した不祥事件をフィクション化したものであり、教科書的「コンプライアンス論」ではない。現場で起きている生々しいドラマから、事件が発生する理由、動機、環境等の共通項が見つかり、その防止の一助になれば幸いである。なお、個人名、金融機関名は全て仮名であり、実在するものではない。

また本書は、金融機関において発生した不祥事件を取り上げているが、その根源的な原因は業種・業態を超えるものがある。金融機関に限らず幅広い業種・業態でご活用頂ければ望外の喜びである。

二〇〇九年四月

井上　享

目次

第1話

ベテラン女子行員が起こした計画的横領事件

——都市銀行女子行員　オンライン詐欺事件——

銀行の管理の落とし穴を考える上でまず回顧せねばならない不祥事は、伊藤素子の名前で有名な、「S銀行オンライン詐欺事件」である。十四年のキャリアを持つベテラン行員がなぜ犯行に及んだのか…。

事件ドキュメント

昭和五十六年三月二十五日午前　S銀行茨木支店

昭和五十六年三月二十五日（水曜日）、都市銀行S銀行の茨木支店（大阪府）は多くの取引先の給料支給日と三月決算前の多忙が重なり、繁忙を極めていた。当座預金係の主任伊藤素子（当時三十二歳）も電話応対や端末オペレーション業務に動き回っていた。上司から見れば、手際のよい頼りになる女子ベテラン行員に映ったことだろう。

伊藤素子がS銀行に入行したのは昭和四十二年のことである。伊藤素子は教育一家に育ち、十四年のキャリアのある女子行員だった。入行時は電話交換の業務に就いていたが、その後、普通預金係を経て昭和四十七年からは当座預金係となった。伊藤素子の支店内での評価は、安心して任せられるベテラン行員ということだった。しかし一方で、当時の銀行の女子行員は二十歳代で「寿結婚」などで退職することが多い中で、三十歳を超えていた伊藤素子は「結婚し損ねた美人行員」として、支店内で居心地が悪かった雰囲気があったかもしれない。

また当時のS銀行は、経営理念である「ピープルズバンク」を強化し、リテールを重視していた。銀行の営業は預金獲得が重要視されていた時代で、個人預金残高で日本のトップとなった時期もある。また伊藤素子が勤務していた茨木支店は大阪の北部、京都との中間にある茨木市に位置し、個人顧客を中心に来店客数の多い店舗だった。茨木市にはJR茨木駅と阪急茨木市駅があるが、茨木支店は阪急茨木市駅前の、にぎやかな好立地にあった。

伊藤素子は、この多忙を極めていた三月二十五日の午前十時半過ぎ、上司の代理に「歯が痛いので歯医者に行きたい」と申し出た。伊藤素子は数日前も歯が痛いといって歯医者に行っていたため、不自然な申し出でもなかった。繁忙日で人数が減ることは避けたいが、ベテラン行員の申し出であり、歯が痛ければ仕方がないな、という感じであったのだろう。

しかし伊藤素子は歯医者に行ったのではなかった。伊藤素子は大阪→東京→マニラという、ドラマのような国外逃亡を謀ったのである。

昭和五十三年　出会い

伊藤素子は茨木支店で当座預金係を担当していて、その業務の一つに、当座預金先への残高不足の連絡という仕事があった。手形や小切手が回ってくると、多くは残高の範囲内で引き落とされるのだが、残高が不足する当座取引先に電話で入金の是非を連絡するのである。当日入金がないと不渡りとなるため、この連絡は単純ながらも重要な仕事である。

その当座預金の取引先に、南敏之（当時三十五歳）の個人当座預金口座や関連する法人の当座預金口座があった。このうち南の個人当座預金口座は残高不足が頻繁に起き、そのつど伊藤素子は南に入金の催促を行っていた。催促の電話では通常愛情は生まれないものだが、南が不足資金を茨木支店に持参し伊藤素子と面識を重ねるうちに、二人は親しくなっていく。そしてその後、伊藤素子は南に誘われ、交際を始めることになる。南は羽振りも容姿もすぐれ、伊藤素子の好みのタイプであったようだ。南には妻子があったが、伊藤素子は交際を深めることに躊躇しなかったようである。

昭和五十四年　金の無心

南は伊藤素子と交際を始めて後、しばしば金の無心をするようになった。伊藤素子は本音では金を貸したくなかったが、南と交際していることや、金額が大きなものではなかったので応じることが多くなっていく。

ある日、伊藤素子が当座預金の入金催促の電話をした際、南から立替入金を頼まれることがあった。伊藤素子は、行員が取引先の代わりに自分のお金で立替することはルール違反であることは知っていたが、少額でもあり、入金をしないと不渡りになることは分かっていたため、交際している気持ちもあって立替えて入金をすることになる。しかもこのような扱いはこの限りではなく、頻繁に繰り返された。

伊藤素子は自分が十四年も真面目に働いて貯めた預金がどんどん減っていくことに不満を感じていたが、南から、もう少しすれば金が入ってきて伊藤素子にも全額返済できるなどと言われると、交際している弱みもあって断ることができなかった。結果として、九百万円ものお金が南に貢がれたのである。

昭和五十六年三月八日　犯行決断

昭和五十六年三月三日、伊藤素子は南に呼び出され、また金の無心をされた。伊藤素子はもううんざりという気分であり、もう別れよう、でも今別れたら貸した九百万円が返ってこない、貸した金が返ってくるまでは付き合うしかない、といったことが頭の中を駆け巡った。そこで伊藤素子は南に自分の預金通帳を見せて、これだけしか残高がない、もう貸すお金がない、と突っぱねた。すると南は、銀行から架空で振込みをしたりして金を騙し取れないか、という話を始めた。伊藤素子は断りながらも、S銀行ではオンラインシステムが導入されていて、支店の行員であれば端末を操作することによって他店の通帳に記帳ができ、同時に入金にもなるので、そのお金を引き出せる、などの、銀行内部で勤務する人間でしか分からない話をしてしまった。しかし伊藤素子は、そのようなことをすれば、永年働いた銀行や家族を裏切り、自分が犯罪者になることはよく分かっていたので、そんなことはできないと拒絶を続けた。しかも遅くとも当日中には犯人が発覚する犯罪であり、伊藤素子にとってはナンセンスな話だった。しかし南は、この仕組みを知ってますます執拗に懇願を続けた。

そんなある日、二人が淀川の堤防でこんなやりとりをしていると、南から暴力団がこの話に関与しているようなことを聞かされた。もしこれを実行しなければ自分は殺され、暴力団は伊藤素子が銀行に勤めていることも知っているので、伊藤素子はもう銀行にはいることができないと言いだしたのである。伊藤素子は暴力団に自分のことが知られたことに極めて大きな恐怖を感じた。そのうち自分の家族にまで迷惑がかかることになると思うと、恐ろしくなってきたのである。このような伊藤素子の気持ちを見透かしてか、南は、「もうやるしかない。銀行の金で自分の借金を整理して、残りの金で二人でマニラに住んで、生花店か日本料理屋でもやろう」と言い出した。マニラにはツテがあって警察力も弱いというのがその理由だ。

伊藤素子は南の申出を何度も断っていたが、犯行を実行すれば今のこの窮状からとりあえず脱出できること、南とマニラで幸せに暮らせるなら、年老いた両親との潤いのない生活や不満だらけの職場から逃げ出せること、自分の人生の前途には失望しかない、南に捨てられたら何もない、海外で新しい生活が開けるかもしれないなどのことが頭に浮かんでは消えた。そして三月八日の日曜日、地元の安威川堤防で南と会った際に、とうとう首を縦に振ってしまったのである。

昭和五十六年三月九日　犯行謀議

三月九日には、犯行の実行は決めたものの、南の考えは銀行内部の事務処理を知らないずさんなものだったので、伊藤素子は犯行を実行するための対策をいろいろと考え、謀議をした。

まず、金額は二億円、犯行日は、支店に現金が多くある三月二十五日とした。通常、銀行の金庫には多額の現金を保存することはないが、二十五日は取引先の給料日ということもあって現金を多めに確保する必要があった。また二十五日は繁忙日としても最適だった。当時のS銀行では、勘定を精査する時間が午前と閉店後の二回あった。閑散日にはあっという間に照合されて犯行がすぐに露見するため、犯行は繁忙日を選んだ。月末も繁忙日だが、忙しすぎて伊藤素子が席を立てないという面があったため、二十五日としたのである。

また振込みではなく、S銀行の他店に架空口座を作り、そこに茨木支店が代行入金をする形とした。この形なら、伊藤素子のオペレーションだけで振替入金が可能であり、当該店では現金になっているので、引出しが可能であるためである。茨木店での処理も現金入金ではなく振替入金であるため、露見が遅くなるという盲点もあった（当時の銀行では、現金照合を先に行い、一安心というムードがあった）。振替入金する口座は、架空名義で、海外逃亡ルートに便利なように、大阪に二店舗（吹田支店・豊中支店）、東京に三店舗（新橋支店・虎ノ門支店・日比谷支店）とした。

このように犯行の詳細を決め、三月十三日、これら五店舗に架空名義で普通預金口座を開設し、実行に着手した。また犯行当日にいきなり外出すると怪しまれるので、数日前に歯医者に行くといって外出をしておき、不自然にならないような伏線も張った。当日は三月でまだ寒いため、制服の上にコートを着て茨木支店から脱出することも決めた。ロッカーには私物を残すこととした。それならまさか遠くに行ったとは思わず、ちょっと近くに出かけたと勘違いすることを狙ったのである。

昭和五十六年三月二十五日　午前十時　犯行着手

三月二十五日は伊藤素子の目算どおり繁忙となった。伊藤素子自身も、朝から当座預金の処理や電話応対に追われた。しかし犯行の意思は固まっていた。午前十時ちょうど、まず吹田支店の架空普通預金口座に三千万円の架空振替入金記帳を行った。茨木支店が代受した形である。次に十時三分に豊中支店の架空普通預金口座に三千万円、十時七分には新橋支店に六千万円、十時二十四分に虎ノ門支店に六千万円の架空振替入金の処理を行った。その間通常の業務が入って時間がなくなったため、日比谷支店への入金は諦めた。伊藤素子の心臓は高鳴っていたが、端末の操作は伊藤素子の通常の業務であり、繁忙日でもあって、伊藤素子の操作に注目する行員は誰一人もいなかった。そして伊藤素子は歯医者に行くという名目で茨木支店を出る。架空振替の入金票やジャーナルなどがあると犯行の露見が早まると考え、これらも持ち出した。

昭和五十六年三月二十五日　大阪〜東京　現金詐取

伊藤素子はまず吹田支店に赴き、通帳と二千五百万円の払戻請求書を提出した。同店では当日入金分の多額の現金引出しであったために茨木支店に照会をしたが、繁忙のためか茨木支店から返答がなかった。印鑑照合も問題がなかったため、真正な預金者への払出しとして現金二千五百万円を伊藤素子に支払った。

計画では豊中支店で現金を引出し、伊丹空港から羽田空港に飛ぶ予定だったが時間が切迫してきた。伊藤素子には大阪から早く逃れたいという気持ちもあって、豊中支店には寄らずそのまま東京に飛んだ。そして午後二時五十四分に新橋支店に赴き、通帳と五千三百万円の払戻請求書を提出した。さすがに多額の払戻であったために現金は五百万円しか受取れず、残りは保証小切手となった。時間も三時になってきたので、伊藤素子はこのままでは現金引出しがうまくいかないと考え、事前に虎ノ門支店に電話を行い、三時を回って店に入ること、現金を用意しておくことを依頼した。

そして新橋支店から虎ノ門支店に回り、三時二十分に入店し、通帳と五千二百万円の払戻請求書を提出した。ここでも保証小切手での払出しを銀行から申出され、結局二千万円の現金と三千万円の保証小切手を手に入れた。

結局この日、伊藤素子は一億八千万円の振替処理を行い、現金として五千万円、保証小切手として七千八百万円を詐取した。そして南と落ち合い、現金四千五百万円と保証小切手七千八百万円を渡し、自分は現金五百万円と伝票やジャーナルなどを持ち単身で羽田空港から中華航空で香港経由でマニラに逃亡したのである。

昭和五十六年三月二十五日　S銀行茨木支店

三月二十五日のS銀行茨木支店は繁忙を極めていて、営業課長は店頭でトラブルがないよう混雑する来店客に気を配っていた。通常は午前中に行う一度目の中間精査の時間となったが、店頭も事務方も忙しく、数時間遅れとなった。これも繁忙日ではよくあることである。結局中間精査が行われたのは午後一時過ぎとなり、振替で一億八千万円という多額の不一致が見つかった。そのような多額の不一致はめったにない。茨木支店では、恐らく歯医者に行っている伊藤素子が伝票を持っていて打ち忘れたのだろう、伊藤素子が歯医者から帰ってきて訂正しよう、ということになった。しかし肝心の伊藤素子がなかなか帰ってこない。歯医者に行ってから三時間も経過していることは異常なことであり、伊藤素子の身に何かあったのか、とにかく伊藤素子を探そうということになり、同ビル内の歯医者を探し自宅にも電話をしたが、行方はわからなかった。

茨木支店では、ようやく事態の異常さに気づいた。急いで伊藤素子が操作していた端末の伝票記録と残されている伝票を照合が行われ、その結果四枚の伝票が紛失しており、四支店への架空振替入金が判明したのである。

支店長はすぐに四支店へ払出し差止め依頼を行ったが、時刻はすでに午後三時四十分になっていた。吹田支店では時すでに遅く三千万円のうち二千五百万円が現金で払出しされ、豊中支店ではなぜか三千万円全額が無事で、新橋支店では六千万円のうち五百万円が現金、四千八百万円が保証小切手で払出されていた。虎ノ門支店では六千万円のうち二千万円が現金、三千万円の保証小切手が払出されたところで、しかも伊藤素子本人が店を出て数分しかたっていなかった。連絡を受けて虎ノ門支店の行員は支店の周りを必死で探したが、とうとう伊藤素子を探し出すことができなかった。その時伊藤素子は、近くの本屋で南と落ち合っていたのである。

昭和五十六年　その後

伊藤素子はその後マニラのアパートに住みひとりで南が来るのを待ったが、結局南は現れなかった。伊藤素子は国際手配され、九月八日に現地で逮捕されて九月十日にフィリピン領内を出た機上で日本の警察に逮捕された。犯行の動機を聞かれた際に答えた、「好きな人のためです」という言葉は流行語にもなった。結局、大阪地裁で二年六月の懲役という判決を受けた。

一方の南は、事情聴取にも自分は関与していないとしていたが、結局大阪地裁で五年の懲役という判決を受けた。

Ｓ銀行では、不祥事を起こした責任として、人事所轄の副頭取、事務本部長、人事部長、事務指導部長、茨木支店長の賞与が一律カットされた。茨木支店長は業務推進部参与を経て調査役へ二階級降格となり、営業課長も考査部考査役補佐へ降格された。また払出しを行った吹田、新橋、虎ノ門の支店長も管理責任を問われ、譴責処分を受けた。

管理の落とし穴

本件は、多くの銀行における管理上の落とし穴を暗示している。事件後二十数年が経っているが、現在でも示唆に富む点が多く、以下に整理する。

①　権限管理・事務フロー上の問題点

・印鑑があれば、架空口座が作れたこと
・支店担当者が、金額の上限なく他店の代行入金オペレーションが可能であったこと
・他店で代行入金された多額の引出しについて、入金店への確認ルールがなかったこと
・精査が一日二回であり、未照合の時間帯が長いこと
・繁忙日に、事務ヘルプ等の対策がなされていなかったこと

・オペレーション後の伝票は直ちに証印する等のフローができていなかったこと
・犯行が発覚した際、事実確認よりも本人を探すという時間優先の手順を誤ったこと
・立替入金等のルール違反を把握されておらず、伝票チェックが不充分だったこと

これらについては、この事件の学習効果並びにシステム化等により、現在落とし穴はなく整備されていると思われる。しかし一方で、事務処理自体は日々変更がされ、合併等による大きな変更があることもあり、投資関係などの商品も多様化してきていることから、常に落とし穴を生む可能性はある。しかも落とし穴に気づくのは上司や本部ではなく、実際に事務を行っている現場の担当者であり、ここに宿命的な問題点がある。また、事件が発生した際のクライシスコミュニケーション体制が整備されていなかったことも問題であり、この点では未だ不整備な銀行も多いと思われる。

② 人事管理面での問題点

・ベテラン行員ということで総合的に任せる雰囲気があったこと
・十四年間という長期間、転勤がなかったこと
・上司が、日中の外出先を確認していなかったこと
・取引先との異常な交際等を把握していなかったこと

長期間転勤を行っていない事態や外出先を確認していなかった点は問題外だが、営業店

は多忙で、効率化の面から人員数は限られ、どうしてもベテラン行員を尊重するムードは致し方ない面がある。プライベートな点についても個人情報保護の問題もあり、露骨に介入すべきでない面もある。とは言え銀行と取引先はお金の関係であり、取引先との交際は完全にプライベートというわけでもない。とは言えあまりに窮屈な職場では、人員の確保もできない。

あらゆる行員を一年程度で転勤ローテーションすることもできず、人事管理が最も難しいところである。これを解決するには、上司が常に部下の考えていることを慮り、適切なメンタルケアを行うことである。そのためには上司に「包容力と人間力」が必要となるが、そのような資質を備えた行員がどれだけいるかと言えば、はなはだ疑問でもある。

少なくとも、不満というものは表面に出ないこと、出た時はいろいろな形で現れることを自覚して、上司は部下の心の状態に関心を持つ態度と、部下から尊敬される人間となる努力をすることが、最良の対策なのかもしれない。

第2話

信頼篤い役席者が起こした証券偽造等による巨額横領事件

——地方銀行女子行員　九億円証書偽造横領事件——

銀行の不祥事の歴史において必ず回顧されるのが、奥村彰子の名前で有名な「G銀行九億円横領事件」である。十歳も年下の男に貢いだ金額の大きさもさることながら、一行員がなぜこれだけの横領ができたのか、という面でもインパクトの大きな事件であった。

事件ドキュメント

昭和四十八年十月二十一日　奥村逮捕

昭和四十八年は、大きな事件が続出した年だった。三月にベトナム戦争が終結し、七月にはオランダ上空で日航機が乗っ取られ、八月には金大中氏拉致事件が起きた。十月には第四次中東戦争が勃発し、第一次オイルショックが始まり、主婦らがトイレットペーパーの買いだめに殺到し、都会のネオンが消えた。江崎玲於奈氏がノーベル物理学賞を受賞し、十一月には熊本でデパート火災が起き、十二月には「燃えよドラゴン」が封切られた。「神田川」や「わたしの彼は左きき」がヒットし、桜田淳子、山口百恵、森昌子がデビューし、競馬でハイセイコーが十連勝を達成した年である。

このように騒然とした昭和四十八年にあって、他の事件にも劣らず大きなニュースになったのが、地方銀行のＧ銀行行員の奥村彰子（当時四十二歳）の逮捕である。十月二十一日に四億五千万円もの巨額横領の容疑で逮捕されたが、実際の横領額はこれを大きく上回る八億九千四百万円であった。はがき一枚が十円の時代であり、その巨額さに当時の世間は驚かされた。

しかし逮捕された時、奥村彰子は大阪市城東区野江のアパートに潜伏しており、所持金もわずか数万円であったという。昭和四十一年十二月から四十八年二月まで約六年に亘って横領された九億円は、そのほとんどが競艇狂いの十歳年下の男に貢がれていたのである。

生い立ちと銀行員生活

奥村彰子は昭和五年十二月に大阪府で生まれ、その後京都市左京区に移転し、昭和二十三年三月に京都市立の名門の高等女学校を卒業している。当時は旧制中学がなくなって六・三・三制となる学制改革が行われた時期で、奥村彰子も新制高校の三年に編入することが可能だったが、そのまま高等女学校を五年で卒業している。

その後昭和二十三年十二月にＧ銀行に入行し、京都支店に配属されて普通預金係を担当した。翌年の十月には銀閣寺支店に転勤し計算受付預金係を担当、その後二十五年六月には北野支店に転勤し、普通当座定期預金係の担当となった。

京都支店は約一年弱、銀閣寺支店では約一年半という短い期間であったが、北野支店には四十年九月まで約十四年間という長い期間の配属になっている。この北野支店の時期に預金業務のエキスパートとなり、上司の信頼も絶大なものになった。

その後、四十年九月から山科支店の配属となった。三十四歳のときである。当時の京都市山科一帯は農地から宅地への開発が進んだ時期で、人口の増加も激しかった。山科支店の業務も多忙で、奥村彰子はその事務処理能力を乞われて北野支店から転勤した。

山科支店では普通預金係を担当し、四十一年七月には定期通知預金係となり、四十七年十月には昇格して事務決裁者という立場になっている。不正が行われた四十一年十二月から四十八年二月の間に事務決裁者に昇格している事実は、人事面の処遇がいかに盲目的であったかという証左であろう。そして四十八年二月、奥村彰子が四十二歳のときに東山支店への転勤が命じられ、二月十三日から十月二十一日に逮捕されるまで逃亡生活に入ったのである。

事件の契機と手口

この事件は、女子銀行員が約九億円もの大金を年下の男に貢いだことで大きなニュースとなったが、銀行の立場からは、なぜそのような不正が可能だったのかという点が最も重要である。そこで以下では、事件の契機とともに、その手口を説明する。

(1) 事件の契機

事件の契機は、奥村彰子がタクシー運転手であった山県と出会ったことから始まる。四十一年五月、山科支店での勤務が半年ほど経った時、帰りのバスの中で山県から声をかけられている。奥村彰子が三十七歳の時で、以前に山県が運転するタクシーに乗客として乗ったことがあって、バスの中で「再会」したのだ。その後は、人当たりがよく話も面白い優男である山県に惹きつけられ、交際を深めていった。山県は競艇狂いで、交際を始めた当初から「小遣いをくれ。競艇で倍にして返す」といいながら奥村彰子に金を借りていた。奥村彰子も惚れた弱みで応じていたが、要求は徐々にエスカレートした。そして四十一年暮れに、とうとう不正に手を染めることになる。その後はとどまるどころかますます加速し、最終的に九億円もの大金が横領された。

この間の奥村彰子の心理は謎だが、当初は山県との結婚を真剣に考えており、それ以外には明るい将来が見えない人生への嫌気、地味で変化のない生活、山県には同僚の銀行員にはない派手さがあったことなど、様々な要因が一線を越えさせたのではないだろうか。

一方の山県は、奥村彰子が横領した資金の多くを競艇に使っている。当時は今とは比べものにならないほど公営ギャンブルが盛んだった時代である。山県が舟券を買うとオッズが下がるほどの買い方で、いくつもの競艇場で山県は有名人であった。また山県の地元の山口県下関市では山県御殿と呼ばれる豪邸を建て、身内や親戚にも派手な生活をさせていた。驚くことに四十五年には他の女性と結婚をしており、そのことを奥村彰子は知らなかった。山県の自供によると、競艇に三億円、自宅の購入に六千五百万円、兄が経営する金融会社に五千万円、遊興費に七千万円、その他で約五億円を使ったとのことだが、詳しくは本人も分からなかったのではないか。

(2) 事件の手口

奥村彰子が行った事件の手口は数通りのパターンがある。

① 特定預金者から詐取

K氏という奥村彰子に好意を寄せている人物がいて、ある時奥村彰子に預金をするよう百万円を預けた。奥村彰子はK氏の依頼どおりに定期預金を作ったが、K氏の希望によって定期預金証書も印鑑も預っていたため、山県の執拗な要求を断れず、これを無断で中途解約し、現金化した。

四十一年十二月には、K氏が奥村彰子に定期預金作成を依頼した七十万円の小切手をそのまま自分の架空名義預金に入金し詐取した。以降、四十五年八月まで十一回にわたって、K氏から預った金をダイレクトに自分の架空名義預金に入金している。総額は千二百万円ほどであるが、東山支店への転勤が決まり山科支店で残務整理をしている間に全額をK氏に返し（その原資は横領した資金だが）、整理をしている。

② 定期預金証書を偽造し、中途解約し詐取

これは定期預金証書を偽造し、中途解約の申し出があったように見せかけて解約手続を行い、現金を詐取するパターンである。全部で九百二十回行われ、その総額は五億七千百五十一万円である。時期としては四十三年一月四日～十二月二七日まで三十九回、四十四年一月十七日～十二月二十七日まで八十九回、四十五年一月七日～十二月三十一日まで百七十四回、四十六年一月六日～十二月二十九日まで二百二十六回、四十七年一月四日～十二月三十日まで三百八十回、四十八年一月四日～二月五日まで十二回であった。慎重になるどころか年を追うごとにますますエスカレートしており、四十六年や四十七年はほぼ毎日のペースで不正が行われているのは驚きである。

ちなみにこの中で真実の預金者があったものはたった十九件であり、残りの九百一件は元々預金がないにも係らず偽りの定期預金元票や定期預金証書を偽造し、あたかも預金があったように装って引出している。

手口は、まず定期預金の証書を偽造する。定期預金証書は重要印刷物なので、当時の行内事務規程では、使用のごとに役席者の証印を受けて受取り、処理を行い、入金伝票と一

緒に役席者に提出をし、支店長職印と金額頭部に役席者の確認印を受ける事務フローであった。そして一日の最後には前日証書残数、使用枚数、書損等、当日証書残数を照合し、役席者の確認を受け、役席者が金庫に格納する。そして翌日朝には残数を確認する。かつ店内検査でも、同様のチェックが行われる。

しかし、当時の山科支店ではこのような日々管理がルーズで、月に一回程度しか残数チェックをしていなかった時期もあったようだ。したがって、定期預金係であった奥村彰子が数枚単位で証書を抜き、自分で保管しておくことは容易だった。想像だが、本来役席者が行うべき業務を、権限のない奥村に丸投げすることが常態化していたのではないだろうか。

このように定期預金証書を手に入れると、次は偽造である。

偽造には支店長の職印と役席者の証印が必要だが、これは油紙を使って偽造している。具体的には、正式な印が押された証書などを活用し、まず印影の上に薄い油紙を載せ、鉛筆の尻などで強くこする。そうすると陰影が油紙に転写されるので、次にこの油紙を偽造する定期預金証書の上に載せ、また鉛筆の尻などで強くこする。そうすると、表面は光ったり場合によってはちょっとぼやけたりした感じはあるものの、正式な印鑑が押された状態になる。金額欄や日付欄は、チェックライターやスタンプを正式な定期預金証書と同様に押すと出来上がりである。そして架空名義人（実は現金すらない）の名義を記入し、同時に三文判を使って辻褄のあう定期預金元票を作成し、ワンセットが出来上がる。役席者の印鑑管理がずさんな時は、油紙による転写を使わず役席者の印鑑を勝手に押印して偽造したケースもあったようだ。

そして、預金者から中途解約の申し出があったことにして（そのような解約申し出は定期預金係である奥村彰子に来るので不自然ではない）、解約手続を行い現金化していた。なお、真実の預金者が存在するものについては、同様の手口で定期預金証書を偽造し中途解約の手続によって現金化し、一方で真実の預金者が来たときのために定期預金元票を作成していた。初めは真実の預金者の定期預金を勝手に中途解約していたが、それなら架空名義人でも可能で楽だ、と思いついたのではないだろうか。

③　得意先係等から預った資金をそのまま横領

これは得意先係や支店長、役席等が顧客から集金したお金をそのまま横領したパターンである。顧客から預ったお金は定期預金や通知預金作成のために奥村彰子に渡されるが、それを入金手続もせず、そのまま横領するという大胆な手口である。その額に見合う定期預金や通知預金が解約されたことにして、現金勘定を合わせていたという。四十五年四月から四十八年一月の約三年弱にわたって三百十五回行われ、総額二億六千三十七万円が横領されている。

④　その他の手口

その他の手口としては、窓口テラーを代行しているときに虚偽の出金伝票を作成し横領したケース（四十三年七月から四十六年一月まで約二年半の間に百八十一通を偽造し、六千二百八十四万円を横領）や、偽名の口座をY銀行に開設して現金がないにもかかわらず送金依頼票を作成し送金したケースなど、その他にも数パターンがあったようである。

発覚と逮捕、判決

この不正が発覚したのは、奥村彰子が東山支店に転勤したことによって数々の不突合が発見されたためである。不正の手口自体は単純なものであり、転勤によって発覚することは奥村彰子も覚悟していた。四十八年二月一日に転勤の辞令を受け、一日から五日までは山科支店で残務整理をし、六日から東山支店での勤務となった。八日には山科支店から通知預金に不審な点があるということで説明のための呼び出しを受け、その後も同様の呼び出しがあり、十三日から逃亡生活に入って姿をくらましている。

奥村彰子は不正を行った約六年の間、日中もほとんど席を離れず、遅くまで残業をし、休暇も取らず（休暇取得はほぼ皆無だった）、日曜出勤もかなりの回数行っていた。外見上は仕事熱心と評価され、それが認められて昇格をしたのだろうが、実際には帳尻あわせに苦労し、勝手に解約や横領をした預金者が来ないかいつもビクビクし、上司の目を盗んで定期預金証書や通知預金証書を偽造する毎日だった。日曜出勤すれば行員も少ないので、偽造に励むには最適だった。

しかし、不正は早々に発覚し、二月十八日には銀行から滋賀県警捜査二課に捜査依頼が出され、二月二十六日には大阪で潜伏生活に入り、結局十月二十一日に逮捕されることになった。共犯の山県は十月十五日に逮捕されている。

そして、判決は逮捕から約二年半後の五十一年六月に大阪地裁で言い渡され、奥村彰子は八年の実刑、山県は詐欺横領としては最高の十年の実刑となった。九億円という巨額の不正事件であったが、通常の二人分以上の激務であったことや、銀行の管理態勢自体の問題も大きかったこと等を勘案され、八年の刑になった。二人とも控訴せず、一審で確定している。

管理の落とし穴

ルーズな時代性

本件が発生する土壌となったのは、架空預金、通帳・印鑑の預りである。いずれも現在では考えられない処理であるが、当時は相当にルーズな時代であった感がある。ただしその問題性は当時から認識されていて、例えば通帳や印鑑を預ることは昭和四十年に大蔵省銀行局からの通達で禁止されている。コンプライアンスよりも利便性、融通性が優先されて当然の時代であったのかもしれない。

行内規程に反した事務処理

山科支店では、異例扱い、定期預金証書や通知預金証書のルーズな枚数管理など、支店の事務処理自体も行内規程に反したものが常態化していたようである。

多忙のためか役席の証印前の支払いもあったようで（現金を支払ってから、後で伝票を回し証印を受ける）、規程やマニュアルが整備されていても、その運用がルーズであれば意味がないという証左である。また、事務処理能力に合わせた経営資源の配分を怠り態勢を構築しなかった経営陣にも、それなりの責任があったのではないだろうか。

機能しない内部牽制

奥村彰子が巧みに帳尻あわせをしていたとは言え、不正を発見する機会は多くあり、チェック機能は不全であった。例えば当日の払出伝票と解約証書の枚数が一致していなかったり（奥村彰子は隙をみて証書を偽造していたので、数日のズレがあった）、中途解約が多いことによる支払利息利回りの異常な高さ、コンピュータ化が進んでいる中での手書き伝票の多さなど異常サインは多くあったが見過ごされていた。

これらはいずれもその原因を真剣に突き止めれば不正に行き着いたのだが、関心が向いていなかったり、単なるケアレスミスとして注意にとどまったり、都合のよい解釈がされていた。しかも、支店の管理態勢に限らず、本部による一般検査や特別検査でも（不正が行われた約六年間で数回実施されている）同様であった。労働災害の経験則「ハインリッヒの法則」（一つの重大事故の背後には二十九の軽微な事故があり、その背後には三百の異常がある）を地で行く状態である。

人事管理の問題点と難しさ

人事管理面でも甘さが目立った。奥村彰子に長期間転勤がなかった点、休暇を取らないことや恒常的な日曜出勤に疑惑を持たなかった点、日頃の動態に注意が向いていなかった点などである。そしてその遠因となっていたのは、奥村彰子が盲目的に信頼されていた点にある。「奥村に任せておけば大丈夫、問題ない、熱心だ、まさか奥村が……」という信頼は、時に危険である。信頼するから管理しないというのは、管理する立場の者の怠慢でもある。もちろん仕事というものはお互いに信頼がないと出来ないが、「信頼するし、チェックもする」という態勢が必須であるし、この両輪が一層の信頼に結びつくはずだ。チェックにはコストがかかるが、これを節約するようでは経営者は失格である。

しかし、人事とは本当に難しいものである。奥村彰子の場合、地元の名門校出身者の採用で、自宅からの通勤であり、山科支店に配属されるまでは仕事熱心で、女性行員の輝く星だったのかもしれない。そのようなキャラクターとこれだけの不正とはなかなか結びつくものではない。生活が派手になる等の昔ながらの兆候がない限り、この面から発見することはなかなか難しいだろう。

また視点をかえれば、奥村彰子には実質的に相当の権限が賦与されていて（実際に四十七年十月には事務決裁者になった）、実務上の役席者であったと考えられる。部下の不正は上司がチェックすることもありうるが、役席者の不正は検査などの仕組みでチェックせねばならない。しかも役席者ほど権限が大きくなる。担当者レベルは当然であるが、実は役席者の不正が最も発見しづらく経営への影響が大きいことを、銀行に限らずあらゆる業界で意識せねばならないだろう。そう考えると、この事件は、企業ガバナンスとコンプライアンスという、現代の大きな経営テーマに行き着くのだ。

デジャブ？

平成十八年七月、京都地裁で損害賠償訴訟の判決があった。記事を見ると、事件はＧ銀行山科支店が舞台であった……。この銀行名支店名を見て既視感に囚われた。事件は、その一年前の八月、山科支店で両替を頼んだ男性客に対し、一万円札で百七十枚渡すべきところを千七百枚渡してしまったというものだ。山科支店は当日誤りに気づいて連絡をしたが、男性客は百七十万円分しか受取っていないと主張し、結局防犯ビデオが決め手となってＧ銀行は勝訴した。行員に悪意があった事件ではないが、苦い経験は経年変化が避けられない。飽きずにしっかり後世に伝えて、コンプライアンス態勢向上に活かしたいものである。

第3話

野放しトレーダーが起こした巨額損失事件

――都市銀行ニューヨーク支店　巨額損失事件――

銀行における不祥事の中でも、都市銀行D銀行ニューヨーク支店を舞台とした巨額損失事件は、十一億ドルという損失額の大きさ、内部管理態勢や安易な海外展開への警鐘、多額な株主代表訴訟など、社会的にも影響の大きな事件であった。

事件ドキュメント

巨額損失発生と発覚

(1) D銀行ニューヨーク支店に入行

この事件の中心人物である井口俊英は、神戸にある高校を昭和四十四年三月に卒業し、父親のいるニューヨークに渡米した。四十四年と言えば、一月に東大安田講堂事件、六月には新宿西口地下広場事件、七月にはアポロ11号が人類初の月面着陸に成功した年である。一方で日本はGNPが西側諸国で第二位になった年でもある。

井口俊英はその後ミズーリ州立大学に進み米国人女性と結婚、五十一年一月に父親の紹介で、D銀行ニューヨーク支店に嘱託として採用された。入行前は自動車セールス等の仕事に就いていて、金融界での経験はなかった。ニューヨーク支店では、カストデイ(証券保管）係の担当となり、入行当初から証券業務への接点ができた。ニューヨーク支店では、単に人員不足を紹介された嘱託行員で埋めたという感覚だったようである。

(2) 証券運用担当へ

入行時には証券保管係であったが、翌年には証券運用担当となった。通常銀行において証券運用担当となる場合、経験者を採用したり、チームの中で育てたり、証券会社にトレーニーに行った後、実務を経験していくのが一般的である。ところが井口俊英は、単に証券保管を担当しているというだけで証券運用担当となっており、そもそも安易な人事配置であった可能性がある。これはニューヨーク支店の問題であったと共に、海外支店を単なるステイタス程度にしか考えていなかったＤ銀行本体の問題でもある。

(3) 最初の損失

五十二年に証券運用担当となった後、井口俊英はそれなりの実績を上げていたが、五十八年に、変動金利債（ＦＲＮ債）の取引に失敗して七万ドルの損失を出してしまった。ＦＲＮ債自体は金利が市場金利に連動しているので、本来は元本の変動の少ない安全性の高い商品である。それにもかかわらず井口俊英が損失を出した取引は、新発債市場だった。

井口俊英は、ＦＲＮ債のマーケットの状態が強いと考え（これがそもそもの判断ミスである）新発債一千万ドルの購入を行った（リスク許容量は定められていたか？）が、実際には新発債市場での消化状態が悪く、引受幹事証券でも売れ残っている状態になってしまった。しかし、その日の午後から既発債市場での売買が可能であったため、井口俊英は当日に損切りすることも可能であり、その時点であれば五万ドルの損失だった。しかし約定日と払込日までに日数差があることなどから損切りをする決断が鈍ってしまった。そして思惑に反して価格がさらに低下して損失は七万ドルまで拡がり、結局損切りするチャンスを失った（と言ってもまだ可能ではあったはずだが）。損失が大きすぎた（それまでの半年間の利益に相当）ことや、簡単に隠蔽出来ることなどが、井口俊英の心に悪魔の囁きのように入りこんだのかもしれない。

もし当時のニューヨーク支店でリスク管理態勢が構築されていれば、井口俊英は損失を隠蔽することが出来ずに損切りが強制的に執行されて終わっていた。ところが不幸なことに（当時の井口俊英にとっては幸いなことだった）、井口俊英が取引から記帳、資金決済まで全てのオペレーションを行っていて、当時のD銀行にはリスク管理の「リ」の字もない状態だった。井口俊英にとっては、いつかは損失を埋め合わす必要はあるものの、無期限にそれを隠すことのできる態勢でもあったのである。

(4) その後の取引

井口俊英はこのFRN債による損失をカバーする必要があったが、FRN債自体は本来は動きの小さなものなので、ＦＲＮ債だけで損失を取戻すことは至難の技であった。そこで銀行から売買の権限が与えられていない長期の米国債（固定金利）のトレーディングに手を染めた。これは報告違反ではなく、そもそもの権限違反行為である。しかもここでも思惑に反して短時間のうちに十万ドルの損失（合計で十七万ドルの含み損）を作ってしまう。メインレースで思わぬ損失をして、それを最終レースで取戻そうとして帰りの交通費まで馬券を買うギャンブラーと何も変わらない状態であるが、競馬の場合は自分の投資資金に限界があるのに対して、井口俊英の場合は誰にも管理されていない（しかも証券会社などから見れば相手は銀行である）無尽蔵な「他人の資金」があったことが最大の相違点である。

その後の井口俊英は、同様のトレーディングを繰返した。損失を取返す焦りから取引額は大きくなり、現物先物取引（レポ取引）にまで手を染めた。しかも損失を埋めるため、顧客から預かっている証券の無断売却まで始めている。七万ドルの損失を出した同年の五十八年末には、おそらく損失は数百万ドルに達していたようである。

井口俊英はその後も損を取り返すため無断簿外取引を繰返し、逆に損失が拡大する深みにはまっていった。また理由はともかく、井口俊英は五十九年には五万ドル、六十三年には五十二万ドルの着服も行っている。これらは損失を取返すこととは異質な行為であるが、自ら「告白」するまで発覚することはなかった。

損失は、初めてそれを出した翌年の五十九年時点で数千万ドルに達し、その後は取返そうとした損失が加速度的に増加していった。井口俊英自身、横領以外は「無断、権限外、無報告、簿外」といった要素を除けば、銀行のために真面目に損失を取返そうと努力していたはずである。しかし相場の難しいところは、真面目にすれば報われるという世界でない過酷な点であり、井口俊英は努力すべき部分が初めから間違っていたということがいえる（この点は、金融の世界ではよくある現象である。日本の銀行が不良債権処理に苦しんでいた頃、「日本の銀行員は真面目に不良債権を積み上げている」と海外から揶揄されていたことがあった）。

また、通常の組織であれば「フロント―ミドル―バック」という仕組みがあるのだが、ニューヨーク支店では井口俊英がトレーダーとブッキング、チェッキングなど全ての担当を実質的に兼ねており、内部牽制が全く機能していない状態で、しかも支店自体、この状態を問題視すらしていなかった。支店長をはじめとする管理者は証券の世界は全く素人で英語力もなく、「よく分からないが、儲かっているようだし、まあ大丈夫やろ」程度の認識であったのだろう。証券部門であれば、本部の資金証券部の下に管理される組織体制もあるが、そういう明確な権限ルールもなく、D銀行の本部からすれば、形式はともかく実際には国際部でもなく資金証券部でもなく、なんとなく治外法権的な位置づけになっていたのかもしれない（裏返せば、責任体制すらなかったことになる）。

さらに損失が膨大になっていく過程では、損失を取返すための取引も巨額にならざるを得ない。そうすると限られた市場（米国債市場といっても無限大ではない）の中では発注した「手」が読まれてしまい、結局収益を生む機会すらなかったことが想像される。実際に当時ニューヨーク市場におけるＤ銀行はビッグプレーヤーだった。井口俊英の取引高は巨額であったはずであるし、その結果恩恵を得たブローカーも多かったはずである。

このような異常な状態は、当時のＤ銀行が、そもそも海外支店にトレーディング部門を置くには未熟過ぎたことを示している。また無断簿外取引によって損失を取返すどころか拡大させていった井口俊英自身も、そもそもトレーディングには向いていない人間だったようだ。井口俊英のトレーディングは債券現物が中心であるが、リスクコントロール手法を持っていたかも疑問であり、ほとんどが単純な片張りであったかもしれない。未熟な組織が不適切な人員を配置すれば、問題が起きるのは当然である。

(5) 検査

以上のようにニューヨーク支店ではトレーディングを管理する仕組みが機能していなかったが、銀行の支店には銀行本部や当局の検査が入り、チェックされる。実際に井口俊英が無断簿外取引を行っていた間にも、内部監査人による検査、銀行検査部における検査、日本の大蔵省（当時）の検査、国税庁の査察、ニューヨーク州銀行局やニューヨーク連邦準備銀行などの検査が数回入ったが、いずれの検査でも発覚することがなかった。

これらの検査でも無断簿外取引が発覚しなかったのは、井口俊英が残高証明書等の偽造を巧みに行ったこと、外部から相手先への照会という基本的作業が行われていなかったこと、銀行本部や大蔵省による検査は形式的なものであって、半ばニューヨーク見物といった「ゆるい」ものであったこと、などが考えられる。ニューヨーク連邦準備銀行の検査においても、井口俊英は巧みに発覚を逃れていた。

(6) 上層部へ「告白」

損失を取返そうとして泥沼に入った井口俊英は平成七年七月に、とうとうD銀行の上層部（藤田頭取）宛に無断取引と損失の隠蔽を行っていた旨の書状を送付し、自ら告白を行った。この時点での損失額は十一億ドル（当時の価値で約九百六十億円）であり、当初の損失五万ドルの約二・二万倍にも達していた。井口俊英自らの「告白」で初めて損失の事実を知った銀行の管理態勢は、恐ろしく低レベルであったことを見事に示している（一説には、銀行は事前にこの事実を知っていて、井口俊英の反対売買を行って損失をカバーしていたという話もある）。

発覚後、米国撤退へ

D銀行には井口俊英からの告白を受けていくつかの選択肢があったが、当時の日本の金融界の混乱や自行の状況を鑑みて、十一月の中間決算発表までは事件を表面化させないこととした。しかも損失カバーのため、井口俊英が行ってきた顧客から預託されている証券の無断売却を継続する指示まで行っている。これは井口俊英個人が行ってきたこととは異質な銀行の行為という局面に入っている。

一方、損失についての報告は、日本の大蔵省（当時）を優先して行い（八月初旬）、米国金融当局（連邦準備制度理事会（ＦＲＢ））への報告は九月中旬となった。平成七年といえば一月に阪神・淡路大震災、三月に地下鉄サリン事件などの大きな事件が起きた年であり、金融界も大混乱した年である。三月には三菱銀行と東京銀行の合併が合意され、三月から四月にかけては大阪銀行（現在の「近畿大阪銀行」）関連ノンバンクが法的整理を申立て、八月には大阪の木津信用組合と兵庫銀行が破綻した。このような時期に米国で巨額損失が出た事実が明らかになることについて（しかも地域金融機関ではない都銀クラスで）、なんらかの配慮があった可能性がある。よく言えば、市場の混乱を避けるため、大所高所からの判断を行ったということかもしれない。

しかしこれはＤ銀行あるいは日本的発想であって、米国当局からすれば数週間も法令違反が隠蔽されたことになり、結局国外退去命令という厳罰に至ることになる。なお、Ｄ銀行が事件を公表したのは九月二十六日であるが、同日に日本銀行はこの事件によってＤ銀行の経営が揺らぐことはないとのコメントをしていて、これもいかにも日本的である。また発表前にＤ銀行がロンドン市場で多額の資金調達を行っていることも市場や情報開示に対するＤ銀行の認識のなさを表していて、そもそも海外展開を行う銀行としての資質はなかったと思われる。

結局、井口俊英は同年九月に売買損を隠蔽した容疑でＦＢＩに逮捕され、Ｄ銀行は損失隠蔽工作について平成八年に十六の罪状を認めて三億四千万ドル（約三百五十億円）の罰金を支払い、米国からの撤退を余儀なくされた。

その後

この事件は米国からの撤退では終わらず、法廷に場を移して巨額損失を発生させた経営責任が問われることになった。現・元役員に対して総額十四億五千万ドル（約千八百二十四億円）もの賠償を求める株主代表訴訟が提起され、平成十二年九月に、被告役員のうち十一名に対して七億七千五百万ドル（約八百二十九億円）もの損害賠償を命じる判決が大阪地方裁判所で言い渡された。しかも仮執行宣言付きという極めて厳しいものであった。この判決は巨額損失事件とは別に経営や法務等の面で大きな影響を及ぼし、その後の商法改正や内部統制などへ発展していく契機となった。

この代表訴訟についても、その後Ｄ銀行が共同持株会社化することによって原告適格を失う（訴訟の相手である法人自体が消滅してしまう）という可能性が出てきたため、結局平成十三年十二月に和解が成立し、十一名の年棒（手取りベース）合計に相当する二億五千万円を支払うことで終結した。持ち株会社が解禁される一方で、商法や代表訴訟制度が整合的に整備されていなかった問題点が浮き彫りにされたのである。

管理の落とし穴

ニューヨークのトレーディング部門で起きた十一億ドルもの巨額損失、米国からの強制退去、役員個人に対する八百二十九億円もの巨額賠償など、派手な事件であった。しかし銀行の管理面からすれば、「きほん」の「き」を守っていない単純な事件である。しかも中心人物である井口俊英だけでなく、経営陣、ニューヨーク支店の行員、検査部門など、結果として事件に関与した多くの人間がルーズであったために大きくなった事件であった。

経営の考え方の問題

当時、日本の銀行では海外進出がブームであり、人員もノウハウもない地方銀行までが海外拠点を持っていた。海外支店では現地企業とのまともな取引は望めるものでもなかったので、シンジケートローンへの参加や日本企業海外支店との取引がメインであり、結局はステイタスと海外出張のために進出したようなものだった。その後邦銀は、このD銀行事件や金融危機によって海外拠点から撤退するが、もし現在当時の拠点が残っていれば、今回のサブプライム問題ではさらに多くの損失を生んでしまったかもしれない。

経営陣は、安易なブームに乗るのではなく、なぜ海外進出をするのか、その判断は合理的か、人材はいるのか、内部管理態勢は整備できるのか、本部との意思の疎通は可能か等についてよく勘案し、客観的見地ももって判断を行わねばならない。これは海外進出に限らず、新規出店や新商品の開発、新分野への進出、M＆Aなど、全ての基本である。

また、この事件では大蔵省（当時）の判断が裏目に出た面も窺える。現在は勿論そういう時代ではないが、「お上」と仲良くしておけばなんとかしてくれる時代は終わり、ミスは自分に返ってくる、自己責任の時代になっていることを自覚せねばならない。

人材の重要性

そもそもこの事件は、井口俊英に債券トレーディングを担当させたことから誤りが始まっている。井口俊英は父親の紹介で入行した嘱託行員であって、債券の知識やノウハウ、経験があったわけでもなく、ニューヨーク支店で指導者がいたわけでもない。株式市場や債券市場の恐ろしいところは「資金さえあれば誰でも参加できる」ところである。参加した市場は「プロもアマチュアも混在」した場であり、素人のボクサーがプロボクサーと同じリングに上がっているようなものである。特にトレーディングは個人の能力への依存度が高く、勝ち負けがはっきりとつく世界である。それにもかかわず、カストデイ業務を担当していて証券の世界に近いというだけで、井口俊英にトレーディングを担当させた人材配置は大きな誤りである。人材がいないのであれば業務を行うべきではなく、必要な人材は育成するか他から採用せねばならない。井口俊英の著書を読んだが、本来トレーディングには不向きなキャラクターであったのではないだろうかとも思う。

検査への認識

本件では、何度か内部や外部の検査が入ったが、結局、井口俊英の無断取引を発見することができなかった。井口俊英の隠蔽が巧みであった点は勿論であるが、検査の方法（外部への残高確認など）自体が実効性のないものであったと共に、検査の姿勢自体が正確性や厳密性に欠けるものであったことも原因の一部である。特に営業店内で行う検査は、毎日仕事を行っている同僚の業務を検査することになりどうしても甘いものになりがちであるが、予防や抑止力の意義もあり、厳格に行うことが結局は同僚を助けることになる。本部検査部や内部監査室による検査でも同様であり、銀行として、検査や内部監査の位置づけを再度確認し、認識を変える必要がある。検査員も銀行内からの異動だけではなく、検査のプロフェッショナルや資格保持者を採用することも有効だろう。

内部牽制の重要性

そして何よりの問題点は、内部牽制の仕組みができていなかったことであり、仕組みがあっても形式に過ぎなかった点である。内部牽制というと、行員を疑う性悪説に基づくネガティブなものと考える向きもある。しかしそのような単純なものではなく、弱い人間が道をはずさないように工夫された仕組みと知るべきだ。内部牽制によって守られるのは銀行であり、取引先であり、銀行に勤務する行員であることを再認識する必要がある。またトレーディング部門では、ＶＡＲなどによる損切りなどのシステマティックな内部統制ルールとその管理が、銀行全体でも自己資本をバッファとした統合リスク管理によるリスク許容量のルールが必須である。

銀行の場合、行員の質も高く人数も多い。銀行の社会性と相俟って、多くの中小企業が内部牽制を構築したくとも人員に恵まれず苦労していることを考えれば、銀行が内部統制に注ぐコストはもっとあってもよいのかもしれない。

第4話

支店長らによる巨額預金証券偽造事件

――女相場師　巨額詐欺と信用金庫消滅事件――

平成三年八月に発覚した大阪・ミナミの料亭女経営者による巨額詐欺事件は、バブル経済を象徴する事件として多くの人々の記憶に残っている。この事件を銀行の側に視点を移せば、T信用金庫支店長らによる巨額預金証券偽造事件として、大きな不祥事と言えるものだった。

事件ドキュメント

T信用金庫・門真東支店

T信用金庫は、大阪を基盤とする信用金庫であった。昭和六十二年のある日、このT信用金庫門真東支店の前川支店長は、とても悩ましい局面に遭遇していた。と言うのは、前川支店長が最も重要な取引先として大事にしている大阪・ミナミの料亭経営者尾上縫から、定期預金の新約取消し取引を懇願されたからである。

尾上縫が言うには、一度定期預金を作成し預金証書を入手し、同時に預金を解約したいという。通常の取引であれば定期預金の中途解約ということになり、定期預金証書は銀行に返却される。しかし尾上縫の申し出は、定期預金証書は返却せずに、他の銀行やノンバンクに差入れている担保と差替えたい、というものであった。銀行の普通の感覚で言えばそのような申し出は異例極まりないものであり、謝絶すべきものである。しかし前川支店長には、尾上縫の申出を簡単に断れない事情があった。

というのは、前川支店長がT信用金庫の支店長になれたのは、ほとんど尾上縫のおかげであったのである。前川支店長は元々S都市銀行の行員であったが、当時としては四十歳代後半という比較的早い時期にT信用金庫に出向後転籍となっており、不遇の銀行員時代が長かった。ところが昭和五十三年に営業活動で訪問した尾上縫と知り合い、その後多額の預金などの協力を得て一気に銀行員としての評価が高まったのである。この結果、昭和五十六年には桜川支店の支店長に栄転し、翌年には鶴見支店の副支店長となり、昭和六十一年にはT信用金庫の中では最も重要な店舗に分類される門真東支店の支店長にまで出世した。その尾上縫からの申し出であり、すぐに断るわけにはいかなかったのだ。また人間的な関係でも、お互いに精神的に頼り合うような関係になっていた。

その尾上縫の話によれば、ノンバンクや他の銀行からの借入金の担保の差替えに使うだけと言う。「それなら金庫に損害を与えるわけでもないし、また証書を返却してもらえば済む話だ。万一発覚しても事務規程違反にすぎず、尾上縫関係なら許されるかもしれない」。前川支店長の頭の中でこのような囁きがあったかは分からないが、結果として尾上縫の申し出に頷いた。そう決断すると、コンピュータ管理が徹底されていない時代であり、支店長の立場を利用すれば定期預金の新約取消し取引は容易だった。そして尾上縫に定期預金証書を手渡した後は、銀行やノンバンクに対して提出する質権設定承諾書の押印を行うだけだった。

その後もこのような定期預金の新約取消し取引は続いたが、さすがにこのような異常な取引を頻繁に行うことには無理があり、前川支店長としても対応が困難になった。そこである時点から一部しか現金の預入がない、証書の偽造を行うようになった。例えば一億円の預金に対して百億円の預金証書をチェックライターで作るのである。煩悩と罪悪感にさいなまれながら、前川支店長は証書の作成と質権設定承諾書の押印を続けていった。

主人公・尾上縫

(1) ミナミの女霊感師・尾上縫

この預金証書偽造事件の重要な主人公である尾上縫は、昭和五年奈良県に生まれた。幼少時から極貧の環境に育ち、その後大阪に出て、結婚と離婚を経験した。離婚後は生計を立てるために二十六歳で大阪ミナミの料亭の仲居になり、独特の個性を発揮して「旦那」と呼ばれるスポンサーを得るようになった。その後「旦那」の支援を得て自分の店を持つに至り、昭和五十九年には「恵川ビル」を建てるに至っている。

その尾上縫が昭和六十年頃から始めたのが株式投資である。初めは手堅い取引を行っていたが、「天性の霊感」とタイミングがバブル経済全盛期に一致したこともあって、資金が順調に増加していった。尾上縫の霊感は親譲りで、身近な人の出来事や競馬やパチンコなどのギャンブルでも神がかり的であったと言う。しかし株式投資に関しては、懇意にしていた証券会社らの証券マンの勧める銘柄を売買していただけのようである。とは言え、昭和六十二年にはＮＴＴ第一次放出に際して大量の株式を市場で購入した後に高値で売却して、二十八億円もの利益を得ている。度胸に幸運が結び付いていたのである。

昭和六十三年には不動産を担保に十五億円を借入して、株式投資を加速させている。このころから尾上縫は大阪・北浜の証券界で注目を浴びる存在となり、「ミナミの料亭　美人女将・女相場師・女霊感師・女帝」などと呼ばれるようになった。「お告げ」は祭壇前で唱えられ、尾上縫が「買いは、この株じゃ」とご託宣を下す。そこに証券マンや銀行員、ノンバンク社員が群がっている光景は今から考えると異様である。証券マンは手数料収入のため大きな株式売買の注文が欲しい、銀行員は預金や債券の預入れや購入、あるいは株式購入資金を借入れして欲しい、ノンバンクは高い金利で借りて欲しい、こういうニーズが集積していたのだ。実際に「お告げ」がヒットした銘柄も多かったが、長い目で見た結果はそうではなかった。しかし当時の注目度合いは凄まじく、証券会社幹部や銀行員が列をなし、「料亭」というよりは「女霊感師による占い屋」になり、料亭自体も繁盛していた。大手証券会社の部長は、料亭「恵川」とは別に持っていた「大黒や」という料亭の中の部屋に常駐していたと言う。テレビの人気番組で特集されたことすらある存在感だったのだ。

(2) 尾上縫とメインバンクの関係

この尾上縫の神秘性を金融面で支えていたのがK銀行である。国会答弁等によると、K銀行と尾上縫の取引は昭和六十二年三月に難波支店で割引債十億円を購入して始まった。その後一気に購入残高が増加し、約三カ月後の同年五月には六十八億円にまで達した。個人でこれだけの割引債購入客はめったにいない。そして五月に、割引債担保で二十五億円の貸出が行われている。債券の販売に加えて貸出による多額の金利収入が得られる、しかも保全は完璧という、総合取引の見本であったのだろう。後日、尾上縫はK銀行と取引があることを利用したが、そもそもはK銀行が積極的にアプローチしていたのだ。その後も債券取引が増加し、与信額も増加していった。通して二千九百五十億円もの割引債を購入した重要購入先であったのである。

また尾上はK銀行の大口株主にもなり、一時期は個人筆頭株主になった。その所有株式数は、平成二年九月には二百七十万株にも達していた。尾上縫は他の銀行とも取引があったが、何といってもＫ銀行がメインであり、Ｋ銀行にとっても尾上縫は最重要な取引先となっていた。実際に、尾上縫がインド旅行に行った際には、Ｋ銀行の大阪支店の部長が付き添い、関連ノンバンクの社員も同行している。Ｋ銀行の当時の頭取も、三度「恵川」を表敬訪問していて、尾上縫が「私のバックにはＫ銀行がついている」と吹聴していたことも頷ける関係だった。ちなみに事件が発覚する寸前の平成三年七月末におけるＫ銀行の尾上縫に対する与信残高は七百億円であり、平成二年のピーク時では九百億円（系列ノンバンクを含めた合計では二千四百億円）に達していた。

なお、Ｋ銀行で購入した割引債は、他行やノンバンクからの借入金の担保にも使われた。尾上縫の借入額は巨額だったが、当時のＫ銀行の信用力は絶大で、「ミナミの料亭のおかみにこんなに貸していいのかな、でも割引債が担保なら保全は安心だし金利収入も入る、なんといってもＫ銀行がメインバンクだから安心だ」という判断が一般的だった。

発覚

(1)　「信用創造」の終わり

以上のように、尾上縫は個人として膨大な資産と債務を持つ身となったが、その原資は料亭による利益によるものではなく、ほとんどが与信によって「信用創造」されたものだった。しかも不動産担保等は一部であって、借入金によって購入した割引債や株券、T信用金庫やK信用組合と共謀して作成した「架空定期預金証書」を担保としたものがほとんどだった。したがって借入金の金利支払いによって経常収支はマイナスになるが、これを支えていたのが投資した株式の値上がり益と再調達の繰返しによるキャッシュフローだ。しかし株式相場の状況が悪化するにつれて、尾上縫の財政状態は一気に悪化する。今体に言えば、レバレッジを最大にしたところで相場の悪化によって財政状態が一気に悪化した、ということだ。このような資産（収入）→担保→債務（支払）→資産のサイクルは、担保掛目が永久に百%を超えるかあるいは資産が増加していくならうまく機能していく。しかし担保掛目は通常七十〜九十%であり、株式に依存した資産はバブル経済の崩壊によって減少に転じていて、金利は逆ザヤである。こうなるとこのストラクチャーは成立しないのだが、この不足部分を補完するものとして架空預金証書が登場したために、一定期間は仕組みが機能していたのだ。しかしその結果、尾上縫の資産や負債を加速度的に膨らませ、被害を大きくすることになったのである。

実際に、平成二年には、なんと一兆三千四百五十億円の借入金があったという。料亭あるいはその経営者個人に対する与信としては考えられない額である（常識的には、料亭の設備資金と運転資金で多くても数十億円、最大でも百億円以下が妥当な数字だ)。個人の借入金としては天文学的数字であり、法人でも一兆円を超える借入金がある企業はめったにない。ちなみに尾上縫が金融機関から借入れた金額は延べ二兆七千七百三十六億円、支払いは二兆三千六十億円であったという。

このような財政状態もいつかは破綻する。尾上縫は、借入金の担保としていた割引債とT信用金庫等で発行した「架空定期預金証書」を差替えることにより、繰り回しをして破綻を回避していた。例えばK銀行の国会答弁によれば、平成三年には四月、五月、六月、七月の四回にわたってT信用金庫の定期預金証書が担保として差入れられていて、担保であった割引債と差替えられている。しかし発覚前の最終段階では異常事態を感じた数行が与信を抑制し、資金繰りの悪化が進んだ。出所は不明であるが、当時「日銀指定要注意企業リスト」という文書があってここに尾上縫の名前があったことが、銀行やノンバンクによる資金回収を加速した面もある。

尾上縫は後に、高学歴の銀行、証券会社の営業マンが学歴のない自分のような女に必死ですがる姿が気の毒で、無理な借金をして割引債や株を買い続けたと言っている。行き詰まることを予知した、刹那的な借金と資産の積上げだったのだろう。極貧に育った身には、泡沫でも幸せな時間であったのかもしれない。

(2) 発覚と逮捕

尾上縫のこのような状態は、T信用金庫門真東支店の前川支店長にとっても悩ましいものであった。尾上縫に対する架空預金証書の発行は四千億円を超えている。しかも尾上縫はなんのためにこのような無駄な苦労をしているのかも理解出来ない。金繰りに追われて、ストレスから病を患っている様子もある。尾上縫の要求を断り切れない自分も情けなく、不正が発覚すれば自分も逮捕されることは分かっているが、自分が架空預金証書の発行を止めれば全てが崩壊するのが恐ろしくて止められない。前川支店長自身も特段の良いこともなく、何のためにこのようなことを続けているのか分からなくなっていた。しかも門真東支店から今里支店の支店長へ転勤が決まり、支店長とは言え、転勤した今里支店でいきなり尾上縫の依頼に応じることは難しいのが分かる。崩壊する予感はするが、どのように崩壊するかが分からなかった。しかしこの不正行為は最も当たり前な方法で発覚する。定期預金証書を担保として取得した金融機関からT信用金庫に寄せられた、定期預金の存在と担保設定承諾の確認の電話からであった。

前川支店長は尾上縫と共に、平成三年八月十三日に大阪地検特捜部に逮捕された。尾上縫の逮捕・起訴容疑はT信用金庫、K信用組合振出しの額面合計四千二百十億円の架空預金証書を銀行やノンバンクなどに担保として差入れ、十二の金融機関から三千四百二十億円の不正融資を受けたことによるもので、加えて私文書偽造、同行使で逮捕・起訴されたものであり、前川支店長は尾上縫の預金証書偽造に荷担したとして同日に逮捕された。尾上縫が留置所で破産手続を行った際の負債総額は四千三百億円であり、個人として当時最高額であった。

その後の裁判において、尾上縫の弁護人は、尾上縫には株式の知識が全くなく周囲に踊らされていただけで責任能力はないと主張したが認められなかった。一、二審判決では、尾上縫はT信用金庫元支店長らと共謀し、昭和六十二年から平成三年にかけて、額面総額四千二百十億円の定期預金証書を偽造して金融機関に持込み、担保にしていた約千七百九十億円分の有価証券と差替えてだまし取り、担保の金融債を勝手に持ち出すなどして、ノンバンク二社やK信用組合に計約九百五十億円の損害を与えたとされ、懲役十二年の実刑判決を受けた。その後の最高裁第一小法廷でも上告が棄却され実刑判決が確定した。また破産管財人が「偽造証書と知りながら抜け駆け的な債権回収をした」としてK銀行を訴えた訴訟では、最高裁はK銀行に対して約八十一億円の支払いを命じた。そして平成四年九月三十日、T信用金庫は最後の日を迎えた。

管理の落とし穴

事務処理の盲点は常にあることの自覚

この不祥事では、定期預金証書の偽造とともに定期預金担保が悪用されている。銀行での現在の事務処理では、当時のような単純な定期預金証書の偽造は出来ないシステムになっていて、加えて自行以外の定期預金の担保取得は禁止されるようになった。したがって全く同種類の犯罪が起きる可能性はあまりないかもしれない。

しかし当時を振返れば、他行の定期預金を担保とする扱いは正式に存在していて、質権設定承諾書の押印があれば正しい事務処理という規程があった。善意の銀行は外見上正しい事務処理を行ったにすぎないはずである。

このように現在正しいとされている事務処理から「人間の知恵」によって不祥事が発現される可能性はいつの時代にも存在する。したがって、正しい処理であっても「あれ？何か変だな？」と感じたときは、詳しく検証する態度が必要である。特に投資信託を始めとして銀行の取扱商品の種類が多角化している現在こそ、一層注意が必要だ。その点では、金融商品取引法への真摯な取組みが望まれると共に、役席者は自行で扱うあらゆる商品について深い知識を持つことが必要である。

「支店長」を管理することの重要性

本件の主役は疑いもなく尾上縫であるが、架空預金を偽造したT信用金庫やK信用組合の支店長も重要な役回りを演じている。内部牽制、内部統制システムが整備・運用されても、営業店における支店長への権限の集中、能力のある人材の不足、異例扱いの発生は変わるところはない。したがって、支店長たるものの人格の向上、教育、支店長に対する内部牽制（営業店内検査の徹底、次席等によるチェック機能、内部通報制度、本社内部監査部門、内部管理部門の強化）は緩めてはならない。

また銀行の業績が低下すると、支店長による日常的な営業活動を強制する銀行がある。しかしこの全員オフェンスのようなパワープレーは、銀行という業務を考えれば極めてリスクのある戦略である。本部は、支店長の負荷が大きくなり過ぎないようにあらゆる面でコントロールすることが必要であり、営業店管理、支店長管理の出来ない銀行は自ら崩壊することを自覚すべきである。

宴のその後

本件は大阪を舞台としたバブル時代を象徴する大きな事件であり、発覚した平成三年から約十七年が経っている。その間に、架空預金を発行したT信用金庫は解体され、一部を受入れたS都市銀行は合併によりメガバンクの一角を占めており、K信用組合は破綻した。取引のあった銀行の多くは、破綻・合併等により、その姿を大きく変えている。また、取引のあったノンバンクの多くは破綻などにより消えていった。

ちなみに尾上縫が二十六歳で仲居となった料亭「すき焼き　いろは」は現在観覧車のあるディスカウントショップが建っており、料亭「恵川」はペット用品の卸売会社が購入してトリマー育成のための学校になっていて、大理石で出来た風呂は動物をシャンプーする場になっていると言う。

この事件は、金融知識がほとんどない尾上縫に多額の与信が行われ、関与した銀行や証券会社は多額の利益を得て、その解決には資産価値の上昇しかなく、定期預金担保という極めて安全性が高いはずの銀行融資の保全が崩壊し、最後は誰かが損をするババ抜きゲームとなり、多くの金融機関が破綻した。現在のサブプライム問題と類似点が多く、まるでこの事件が全世界で再現されていると感じるのは筆者だけであろうか？

第5話

都市銀行行員による顧客殺人事件

――都市銀行春日部支店　顧客殺人事件――

平成十年七月にＦ銀行春日部支店で発生した不祥事は、銀行員が顧客を殺害するという、銀行不祥事の歴史の中でもインパクトの大きなものであった。

事件ドキュメント

入行〜春日部支店配属

本件の犯人である岡藤輝光は、昭和四十一年福岡県で生まれ、県立高校を経て平成元年にＦ大学体育学部を卒業し同年四月に都市銀行Ｆ銀行に入行した。出身高校は地元の進学校である。バブル経済のピークの時期で銀行が大量採用を行った時代ではあったが、Ｆ銀行という都市銀行への入行であり、周辺からも将来を期待された就職だった。岡藤輝光が体育会ラグビー部に所属していたことも、Ｆ銀行は評価したのかもしれない。

Ｆ銀行入行後は足立区の竹の塚支店、九州の門司支店、北九州支店を経て、平成八年四月より春日部支店の配属となった。北九州支店までは主に融資を担当していたが、春日部支店では得意先を回る渉外担当となった。当時の岡藤輝光の行内における人事評価は同期入行の中で恵まれたものとは言い難く、いわゆる「バブル採用のその他大勢の中の一人」

であったが、かといって特段に低い評価というわけでもなかった。主に内部業務が中心の融資担当から成績が明確に数字に表れる渉外担当となり、「前向きに頑張ろう！」という気持ちであったことは想像出来る。

しかし時代はバブル崩壊の真っ最中であった。岡藤輝光の運命は、銀行の資産圧縮、早期是正措置のクリアという経営課題の中で翻弄され、最悪の結果を招いたのである。

平成八年という時代

岡藤輝光が春日部支店に配属となった平成八年は、銀行界にとって悪夢のような一年だった。

二月に都銀D行が巨額損失事件により米国から撤退し、三月にはY銀行が破綻した。五月には住宅金融専門会社に対する六千八百五十億円という、いわゆる「住専処理」が決定し、金融界、とりわけ銀行に向けられる視線は厳しさを増した。十一月にはW銀行に対して戦後初めて大蔵省が業務停止命令を出し、関西地区では前年のK信用組合、H銀行に引き続いての破綻となった。

これら銀行の破綻は放漫経営と多額の不良債権処理に起因するものだったが、一方で生き残った銀行も、平成十年四月の早期是正措置導入を控えて自己資本比率を意識する経営を余儀なくされていた。自己資本比率向上のためには収益を積み上げるか、将来の企業価値向上を期待した増資が必要である。しかし、当時の銀行を取巻く環境は悲観的なもので、将来の成長を期待する増資は難しく、収益の積み上げどころか不良債権処理と脆弱な収益基盤による自己資本の毀損が余儀なくされる状態だった。このような状況下で、かつ目前に迫った時間的制約の中で、銀行の経営がとるべき道は分母である総資産の圧縮しかなく、そのためには総資産の多くを占める貸付金というアセットを圧縮するしか選択肢はなかった。といっても、不良債権を圧縮して総資産を減らすという「理想的な総資産圧縮」ほど難しいものはない。資産圧縮＝貸付元本の回収であり、それが出来ないのが不良債権であるからだ。そこでの次善の策は、銀行として守るべき融資先とその他大勢の選別、並びに元本回収が可能な先からの資産圧縮となる。この策においては、人的関係のある大企業や好業績の企業、融資額が大きすぎて見放すことが不可能な企業は資産圧縮の対象とならず、消去法によりその他の資金力も収益力も弱い中小・零細企業が資産圧縮の対象となった。いわゆる中小・零細企業に対する貸し渋り、貸し剥がしである。金融検査マニュアルの厳しさもこれを助長し、反省としてその後の「リレバン」推進に繋がったが、貸し渋りで倒産した中小・零細企業が元へ戻るわけではない。

当時のF銀行も、この嵐のような金融環境の真っ只中にあった。バブル経済時期にはS

都市銀行と有名な「ＦＳ戦争」を繰り広げ、その結果が莫大な不良債権に繋がった。内部管理にも問題が多く、Ｏ信用組合への巨額預金紹介事件、赤坂支店での不正融資事件などが相次いで発覚した。平成九年には、メイン先であったＹ證券が自主廃業し、Ｆ銀行の経営や株価は強烈な影響を受けた。Ｆ銀行は、多くの銀行の中でもバブル経済とその崩壊の影響を最も受けるべき経営体質の銀行だったのである。

事件へ

(1)　被害者との取引

岡藤輝光はこのような時代に春日部支店の渉外担当となり、平成八年八月から被害者の老夫婦を担当することとなった。夫婦は春日部支店に以前から大口預金等の取引があり、岡藤輝光は前任者から担当を引継いだ。春日部は埼玉県に位置するものの東武伊勢崎線によって都心へのアクセスはすこぶるよい地域で、銀行間の競合も激しい地区でもある。現在の地図でも駅前にメガバンク三行が軒を並べて競い合い、近くには埼玉県で圧倒的な存在感を誇るＲ銀行やＳ信用金庫がある。当時は銀行預金に対する不安感も高まっていた時期で、渉外担当として大切にすべき大口預金取引先だった。

(2) 浮き貸しの実行

岡藤輝光は多くの中小企業も担当していたが、バブル経済崩壊の下で資金繰りに苦しむ企業が多い一方で銀行の資産圧縮方針もあって、取引先との対応は難しいものだった。特に渉外の担当が初めての岡藤輝光にとっては、悩ましい日々の連続であったろう。渉外担当の現場は、取引先と一対一であり、相当な精神力と冷徹さが必要である。かつ当時は残業も多く、労働環境も厳しいものだった。岡藤輝光には相当の精神的疲労が蓄積していたはずである。

そのような岡藤輝光の担当する中小企業の中で、融資を執拗に依頼する運送業者があったが、支店長専行権限でも融資が不可能な先であり、申し出に対する謝絶の連続だった。ところが岡藤輝光はなぜかこの運送業者をなんとか助けたいと思うようになった。その心の動きは本人しか分からないが、岡藤輝光の父親が運送会社を苦しいながらも経営していたことが影響を及ぼしたという見方もある。

そこで岡藤輝光が考え付いたのが「浮き貸し」である。浮き貸しには原資が必要であり、そこでかっこうのターゲットになったのが被害者である老夫婦だった。多くの預金担当先でなぜその夫婦を選んだのか。金額が十分であったということもあるが、何より岡藤輝光を信用していたことが最大の要因だった。またその夫婦は身体的に不自由で、銀行をうまくごまかせると考えたのかもしれない。そうだとすれば、信用を裏切った面とあわせて、岡藤輝光の心の闇は相当に濃く深かったと言える。

結局、岡藤輝光は平成十年一月に、夫婦には「特別な定期預金で運用」と偽り二千五百万円を解約させて運送業者に貸付けた。夫婦には、二千五百万円のうち千五百万円について、六月三十日に返済（償還）することを約した。しかしご多分に漏れず、貸付けた運送業者から資金の返済はなかった。

(3) 人事異動と犯行

岡藤輝光から千五百万円が返ってこないことに対して、夫婦の怒りは激しかった。「特別な定期預金で運用」という嘘も見透かされていた。大事にしていた預金であり、当然のことである。進退窮まった岡藤輝光は、その場しのぎで自分の名刺の裏面に、「七月二日に返済する」旨を記載して夫婦に渡した。六月三十日は火曜日であり、七月二日は同じ週の木曜日である。しかし浮き貸しした運送会社に急に資金が出来るわけはなく、岡藤輝光は自分の資金で埋め合わすしかなかったが、それも出来なかった。岡藤輝光は、当てのない約束をせざるを得ないところまで追い込まれていたのだ。

しかもタイミングの悪いことに、七月一日に岡藤輝光に対して本店融資部へ異動の内示があった。異動日は翌週金曜日の七月十日である。平成八年四月に春日部支店に配属されてから二年三カ月での異動であり、短くも長くもない期間であった。

追い込まれた岡藤輝光は考えた。「本店に異動すれば、夫婦の苦情で浮き貸しは発覚する。でも浮き貸しについて証拠はない。唯一の証拠は「七月二日に返済する」と書いた自分の名刺だけだ。夫婦が苦情を言ってきても、定期預金の解約は正当な手続だったし、自分が横領したわけでもない。あの名刺さえなければいい。なんとかして取り返そう。F大学から頑張ってF銀行に入ったのだ。クビになるわけにはいかない。クビや退職になれば親兄弟に合わせる顔がないし、妻や子供からも非難される」

このとき岡藤輝光は、いったい何を守ろうとしたのだろう？　岡藤輝光の心はすでに悪魔に支配されていた。夫婦に返済の約束をした七月二日の木曜日、岡藤輝光は草加市内にあったF銀行の家族寮を出て春日部支店に出勤した。そして普段と変わらず十時前に支店を出て営業車に乗った。前日の曇天から変わって暑い晴天の日だった。途中で犯行に使用する紐を買って姫宮駅前に駐車し、徒歩で夫婦の家に向かった。姫宮駅は春日部の二駅栃木寄りの駅で、その次は東武動物公園駅があり、このような事件が起こりそうもない長閑な地域である。そして夫婦宅に着いた岡藤輝光は身体が不自由で抵抗の出来ない夫婦を殺害し、「七月二日に返済する」と書いた名刺を取り返した。大学時代ラグビー部で鍛えた岡藤輝光の身体をもってすればあっという間の犯行で、時刻は午前十一時三十分だった。

家は荒らされた形跡もあり、犯行を隠そうとしたのかもしれない。

犯行後、岡藤輝光は通常業務に戻った。特段に変わった様子もなく、融資部への異動に伴う引継ぎを後任者と行っていた。しかし岡藤輝光の心の中はどうだったのだろう？

(4) 発覚と逮捕

事件の発覚は早かった。犯行の二日後である七月四日土曜日の朝、夫婦宅を訪れた知人によって悲惨な殺害現場が発見された。そしてその四日後、夫婦宅に出入りしていた複数の関係者から事情を聞いていた中で、殺人の疑いで岡藤輝光はあっさり逮捕された。三十一歳という、これからが人生本番の歳だった。岡藤輝光が住んでいた草加の家族寮は、「F銀行草加家庭寮」という表札が外された。

その後、平成十一年九月に浦和地裁で無期懲役の判決が下され、東京高裁も平成十二年十二月に死刑を求めた検察側の控訴を棄却して浦和地裁の判決を支持し、岡藤輝光の刑が確定した。東京高裁で裁判長は「無抵抗の老夫婦を殺害した残虐非道な犯行だが、一獲千金を狙って強盗殺人を行うような事案と同列に論じることは相当でない」と死刑判決を回避した理由を述べた。

一方、F銀行では、事件が発覚した翌週の七月十日に春日部支店長が更迭された。高校卒業同期組の中でトップの支店長であっただけに無念な更迭だっただろうが、内部管理の大失態の責任は重大である。強盗殺人として起訴された七月二十九日には、当時の会長と頭取の減俸が決められ、支店を統括する副頭取が専務に降格された。F銀行の経営陣にとって消すことの出来ない最悪の七月になった。

この事件の起きた平成十年は印象深い一年だった。二月の長野オリンピックでは里谷多英や清水宏保、ジャンプ陣が活躍し、六月に行われたワールドカップフランス大会では中田英寿や城彰二らが印象を残した。夏の甲子園では横浜高校の松坂大輔投手が活躍し、プロ野球では三十八年振りに横浜ベイスターズがリーグ優勝を果たした。

一方で、同じ七月には和歌山カレー毒物混入事件が発生し、参議院選挙では自民党が惨敗して小渕政権が発足し、九月にはテレビ局女子アナウンサーが避難器具の実演で落下するなど、世間を賑わす事件も多く起きた年だった。

金融界もまさしく激動の一年だった。一月に大蔵省金融検査部（当時）の室長や課長補佐が東京地検特捜部に逮捕され、三月には二十一行に対して一兆八千億円もの公的資金投入が決まった。四月に日本版金融ビッグバンがスタートし六月には金融監督庁が発足、十月、十二月と長期債銀行が国有化された。そのような事件の多かった平成十年の中でも、岡藤輝光の起こした犯罪は「銀行員が顧客を殺した事件」として特異に記憶に残るものとなった。

管理の落とし穴

本件では、顧客を殺害した岡藤輝光自身に問題があったことは言うまでもないが、十分な内部管理が出来ていなかった銀行の問題点も少なくなかった。

行員のメンタルケアの重要性

犯行当時、岡藤輝光は精神的に追い込まれていた。夫婦からのプレッシャー、運送会社への思い、渉外業務の厳しさ、親兄弟や家族に対する体面、厳しい銀行現場の労働条件、行員間の出世競争などであり、大学時代にラグビーで心身を鍛えた程度の自負では耐えられないものだった。岡藤輝光は真面目でいい人だったのだろうが、銀行員は真面目だけでは勤まらない、冷徹さが要求される職種でもある。

ここでの管理上の問題は、そもそも岡藤輝光のキャラクターを活かす職場でないにも係らず採用した人事政策、行員の精神状態を把握出来ない体制、適切なメンタルケアが行われていなかった状況などである。銀行員というと「冷静・沈着」なイメージがあるが実際は生身の人間であり、渉外の現場では厳しい顧客対応と目標に晒される。平成十年当時は、渉外担当にとって精神的に最も厳しい時期だった。銀行の経営は、現場の実情を把握して適切な対処をすることが必要である。行員は銀行にとって最も重要な経営資源であるからだ。しかし、F銀行はこれを怠っていた。恐らく、本部も支店の現場もそのような余裕はなかったのだろうが、その余裕のない状態を招いたこと自体、経営サイドの責任は大きい。

では、バブル崩壊の影響も落ち着いてきた昨今はどうかといえば、行員の精神的危険性は減ったとは考えがたい。少ない人員での支店運営により一人当たりのプレッシャーは高まっている。それにも増して危惧されるのが、投資信託などの元本が保証されない商品に関するトラブルの多発である。相場が悪化すれば顧客からのクレームは増加する。金融商品取引法の遵守状況は勿論のこと、たとえ銀行側に非がなかったとしてもクレームの解決には多大なエネルギーを要し、精神的疲労感も大きい。かつ筆者が特に危険だと感じるのは、プライベート・バンキング等で顧客と銀行の距離が近い場合である。銀行の店頭での揉め事ならなんとかなるが、顧客の自宅など閉鎖された空間でのトラブルはお互い感情的にもなりやすいからだ。

唯一の救いは、昨今の銀行員は岡藤輝光のような「真面目でいい人」が減って、いい意味での「柔軟さや卑怯さ」を身につけている行員が多い点だ。精神的に行き詰った行員を排除すると、その排除の事実が他の行員のプレッシャーになってしまう。かといって生産性の低い行員を雇用し続ける余裕は銀行にはない。納得性のある適度なメンタルケア体制が今後ますます重要になるのだが、難しい課題である。

内部管理態勢の整備

時代がバブル経済崩壊の混乱期であったとは言え、このような殺人事件が起きたことの衝撃は大きい。そもそも支店内で浮き貸しの事実や被害者とのトラブルが把握されていなかったこと自体が問題である。いわゆる「報告・連絡・相談」、言い換えればまともなコミュニケーションがなかったのだろう。

このような不祥事を回避する最大のポイントは、「悪い報告」を非難しないこと、「悪い報告」を隠したり遅延させたことを問題視する態勢を徹底することであり、これを支店業績や人事評価に反映させることである。この例であれば、岡藤輝光が運送会社から融資を強く要請されて困っていることについて報告がされていれば、適切な相談の上で対処が可能であった。岡藤輝光は運送業者の要請すら一人で対応出来ないと非難されたかもしれないが、殺人事件の犯人になることを考えれば、小さなことである。逆に多少のトラブルは、後輩の教材になると思うくらいの懐の広さ・深さが必要であり、銀行員の不器用な完全主義、いい子主義は長い目で見るとマイナスに作用することを肝に銘じる教育を行うことである。

顧客とのトラブルに関しては、「本部や監督官庁に通報するぞ！」という言葉も常套句である。その場合でも、通報されたことを非難してはならない。通報すると言われたことを報告し、対応策を協議することが最重要である。上司は部下に「何か困ったことはないか？　怒らないからなんでも言ってくれ。そのほうがみんな助かるし、君のためだ！」と常日頃から声をかけ、支店長は部下に同じことを行い、本部は支店長に同じことを働きかけることが重要だ。この一見幼稚な日々の繰り返しが行員のメンタルケアにもなる、危機を回避する重要なコミュニケーションなのである。

銀行員の不祥事というと、横領、詐欺、私文書偽造、不正情実融資などが「定番」である。勿論これらの不祥事もあってはならないが、「顧客を殺害する」という本事例のような不祥事はもう「絶対に」あってはならない。

第6話

派遣行員による巨額着服事件

――都市銀行派遣女子行員　九億円着服事件――

Ｍ銀行の派遣行員が十二年間に亘って行った着服金額は九億九千万円という巨額なものに上った。なぜ、長期に亘って発覚せずに不正をし続けることができたのか…。

事件ドキュメント

発覚

平成十七年五月は、すでに暑い季節となっていた。横浜市郊外にある横浜市営地下鉄センター南駅周辺も、夏の日差しが照りつけていた。駅前の都市銀行Ｍ銀行港北ニュータウン支店（横浜市都筑区）に派遣行員として勤務している川井田恵子（当時五十四歳）は、最近自分の周りで起きている嫌なムードを感じ取っていた。「十二年もの間ばれずにやってきたが、とうとうこの日が来てしまったのか？」。

平成五年四月に港北ニュータウン支店に派遣行員として配属された川井田恵子は、翌月から顧客の預金の着服を始めて、その総額は九億九千万円という巨額なものに上っていたのだ。

川井田恵子の勘は当たっていた。「川井田さん、ちょっと会議室に来てくれ」上司が川井田恵子を呼んだ。川井田恵子が預金を着服した顧客は二十数人だったが、そのうちの一人が取引を不審に思い直接支店に問い合わせたのが発覚のきっかけだった。

派遣渉外担当として優等生だった川井田恵子の巨額着服は、M銀行に衝撃を与えた。手口が簡単であったために着服の内容は時間を要さず明らかになり、翌月の六月には人材派遣元を懲戒解雇された。人材派遣元といってもM銀行の百％子会社の派遣会社である。

懲戒解雇された同月の二十一日に、M銀行は川井田恵子を業務上横領容疑で神奈川県警に告訴した。九億九千万円というのは銀行員の横領としては極めて巨額なものだ。昭和四十八年に逮捕されたG銀行奥村彰子の九億円を超える額であり、世間を騒がせた昭和五十六年のS銀行伊藤素子による横領は一億円台だった（もちろん時期による貨幣価値の差は考慮せねばならない）。しかも川井田恵子は正行員ではなく渉外のみを担当するだけの派遣行員で、役席者のように大きな決裁権限があるわけでもなかった。

しかし告訴された川井田恵子は、同年八月二十六日に金融庁が内部管理の強化を求める業務改善命令をM銀行に対して発して事件が明らかになるまでの間、思いの外静かな日々を過ごしていた。告訴されたと言っても、名前も住所も公表されなかったためである。

川井田恵子が住んでいた川崎市の某地区は、小田急線・新百合ケ丘駅が最寄り駅の丘陵地帯で、川崎市の中でも高級住宅街とされている地域だ。愛犬のミニチュアダックスの散歩を優雅に行い、真っ赤なコルトに乗って、逮捕された時は美人セレブ妻の犯罪と騒がれた。

港北ニュータウン支店へ派遣

「川井田恵子と申します。本日からよろしくお願い致します」

川井田恵子はやや緊張しながらも上品に挨拶をした。川井田恵子が人材派遣会社から港北ニュータウン支店(旧荏田支店)に派遣されたのは平成五年四月のことである。同年は、六月に皇太子徳仁親王と小和田雅子様の結婚という大きな祝事があり、一方では三月に金丸信が脱税容疑で逮捕され、六月には内閣不信任案が可決されて衆議院が解散となって新党さきがけと新生党が結成され、八月には細川護熙連立政権が発足して、いわゆる五十五年体制が崩壊するという政治的には激動の時代だった。日本代表の「ドーハの悲劇」やレインボーブリッジ開通、記録的冷夏による「平成の米騒動」が起きたのもこの年である。企業においても大きなリストラが行われた時期であり、日産自動車が座間工場での乗用車の生産を中止し従業員を削減する計画を発表したのもこの年のことだ。

川井田恵子の夫川井田一郎は、当時M自動車工業に勤務していた。M自動車工業は後にリコール隠しで大きな経営危機に陥るが、当時の自動車業界の中では安定した企業だった。

このように川井田家の家計は安定的に見えるが、川井田恵子は職を求めた。家計の足しにするつもりだったのかもしれない。配属先の港北ニュータウン支店では、以前に銀行で勤務していたことが評価され個人顧客の家を回る渉外担当となった。川井田恵子が配属された港北ニュータウン一帯は元々丘陵地帯で、東急グループなどによる住宅地開発が進んだ地域である。その恩恵を受けて土地長者となった地主や農家が多い地域であり、村上龍の小説「テニスボーイの憂鬱」を読むとなんとなく雰囲気が想像出来る。

また、横浜（地下鉄直通：約二十三分）や渋谷（あざみ野で乗り換え：約四十分）、東京駅（新横浜で新幹線に乗り換え：約四十分）などへのアクセスが優れている割に住環境が良く、それなりの所得のある団塊ジュニアの人口流入も盛んな地域である。銀行にとっては優良個人顧客争奪の主戦場となっている。

土地長者となった資産家や団塊ジュニアの相手をする渉外担当として、銀行での勤務経験と金融知識があり、美人で上品な川井田恵子は最適な配置だった。

また、川井田恵子が港北ニュータウン支店に配属された当時はまだ、バブル経済崩壊によって多くの銀行が信用を失っていく中でも、大手都市銀行のブランドが信用を失っていない時代であり、中高年の預金者からすれば、川井田恵子は信頼出来る銀行のしっかりした感じのよい担当者だったのだろう。

手口と発端

銀行側からすれば、川井田恵子の派遣は理想的なものだったが、大胆にも配属の翌月である平成五年五月から担当先顧客の預金着服を始めている。着服の手口は簡単なものだった。

「川井田さん、定期預金にしていても金利がどんどん下がって困るわ。でも株式なんて大損しそうだし」

「そうですね。実はM銀行で、特別なお客様向けに普通の定期預金よりも金利の高い金融商品を開発しました。といっても数%高い程度ですが、元本保証ですし、利息も毎年入ってきます。もしご希望でしたら、ご紹介します。○○さんは大事な、特別なお客様ですから」

巧みに架空の金融商品を持ちかけ、顧客の定期預金を解約し、無断に開設した普通預金口座に移し替える手口だった。そして資金を移し替えた普通預金から、無断で作ったキャッシュカードなどにより金を引出していたのである。

被害者はいずれも五十歳以上の既存の大口預金取引先で、架空の金融商品であることが発覚しないように〝利払い日〟にはきちんと「利息」を算出して顧客の口座へ入金を行っていた。このような不正を十二年間も続けることが可能だったのは、利払いなどの事務処理に習熟していて外見を繕うノウハウがあったことに加えて、顧客のさまざまな相談相手になり、人間的な信頼関係を築いていたことによる。

また、金利設定も絶妙だった。十%や二十%、五十%では、他の詐欺事件のように一部の強欲な資産家は騙せるかもしれないが、銀行の金融商品として勧誘している手前、高金利すぎて警戒される。第一これでは川井田恵子の〟利払い〟も大変である。一方で長期の金融商品への移し替えの提案であるから「低すぎては魅力がないだろう」という中で、最適レートを提示していた。

平成五年四月の定期預金金利はおおむね三%台で、数年前の六%台から大きく下がり、大口預金者の不満感が高まっていたタイミングである。金利はその後も低下を続けて、平成五年の年末には一%台に突入し、平成七年六月には一%を下回る水準まで低下して現在に至っている。川井田恵子にとっては〟最適な〟市場環境だった。

そもそも川井田恵子が不正に手を染めた理由には諸説ある。「恵子、実は仕事で借金つくっちゃってさ、どうにもならないんだ。この家の家賃も払えなくなりそうなんだ」ある報道では、夫である川井田一郎が多額の借金を作って妻に横領の「依頼」をしたというものだ。しかもこの借金は夫が韓国人クラブの女性に入れ込んで作ってしまったものという。

きっかけは、夫が勤務先で大学生の新卒採用を担当し、大学教授を韓国人クラブに接待しているうちに韓国人クラブ店で働く女性に入れ込んだものだ。

その後の横浜地裁での裁判でも検察側は「計画性が高度で巧妙卑劣。夫である川井田一郎被告が飲食や接待に多額の金を使い、借金返済に困っていた」と指摘している。韓国人クラブでの接待を喜ぶ大学教授も、そのような手段で人材を確保していた夫の勤務先会社にも呆れるが、何より夫が作った借金の返済のために、派遣行員として配属された翌月から不正を始めた妻、というのは理解し難いキャラクターだ。「事件の影に女」ならぬ「事件の影に夫」である。配属の翌月から着服を始めた事実を鑑みると、初めから着服目的で銀行の渉外担当に応募したのでは、という穿った見方も出来る。もしそうであれば大胆不敵としか言いようがない。

馬券

「行け行け！　行け行け！」着服のきっかけは借金返済だったが、逮捕後の調べで、着服した金で東南アジアへ家族旅行に行ったり、多額の馬券を購入していたことが明らかになった。特に馬券についてはこの間に約二億四千万円も購入しており、日本中央競馬会の電話投票システムを利用して一度に五十万円という大口投票を行っていた。中央競馬であれば五十万円程度ではオッズに大きく影響する（自分の投票でオッズが下がる）ことはないが、大口投票に変わりはない。

そもそも馬券を購入するための着服だったのか（そうだとすればギャンブル依存症である）、あるいは借金を返済しようとして馬券に傾注したのか（そうだとすればギャンブルの本質を知らない無知である）も分からないところだ。

いずれにしても、飲食や女性問題で膨らんだ夫の借金を妻が銀行で不正を働いて返済し馬券の儲けで穴を埋めようとした構図には、先のことを考えない夫婦のルーズな人生観があるようだ。高級住宅地に住んでいるという見栄の維持も動機であったかもしれない。しかし本質は昔ながらの「飲む・打つ・買う」の典型にすぎないのだが、銀行を信頼して大口預金を預けていた被害者はたまったものではない。

過去の大きな着服事件では、誰かに貢ぐためであったり、苦悩に追いつめられたドラマがあった。しかし、この事件は本人らのためだけにあっさり行われており、その軽さが不気味さ、不愉快さを感じさせる。

告訴と逮捕

平成十七年五月、長年続いた川井田恵子の不正も、高金利に疑問をもった「預金者」からの照会であっさり発覚した。その翌月には懲戒解雇され、M銀行によって業務上横領容疑で神奈川県警に告訴された。なお、九億九千万円のうち約二億五千万円は川井田恵子から回収されている。

銀行内では、告訴の翌月である七月に経営責任を明確にするため、頭取と会長がいずれも二カ月間、二十％、関係役員五人が一〜二カ月間、十〜二十％の減俸処分となった。

八月二十六日には、金融庁が内部管理強化を求める業務改善命令をM銀行に対して発し、事件が明らかになってマスコミ報道が相次いだ。そして十一月十七日に、川井田恵子は詐欺と窃盗の疑いで神奈川県警捜査二課に逮捕され、二十七日には詐欺、窃盗、電子計算機使用詐欺の罪で追起訴された。夫の川井田一郎容疑者も一億六千万円分に関与したとして、十二月七日に窃盗と電子計算機使用詐欺の罪で起訴された。なお、九億九千万円のうち約二億一千万円分は公訴時効が完成していた。

翌年の五月三十日には横浜地裁で判決があり、裁判長は「顧客への信頼を裏切るもので、銀行への信用も著しく失墜させた」などとして、原（旧姓川井田）恵子被告に懲役八年（求刑・懲役十二年）、川井田一郎被告に懲役七年（求刑・懲役十年）を言い渡した。

管理の落とし穴

派遣行員の人事管理態勢の不備

本件では、十二年間もの間不正が発覚しなかった点が最大の問題点である。正社員であれば二~三年程度のローテーションが普通であり、同じ業務を十二年間にも亘って担当させることはまずない（過去の多くの事件の学習効果）。しかし派遣という盲点があった。

バブル経済崩壊後、銀行のリストラと効率化の下では人件費削減がメインテーマとなり、その解決策としてパート行員や派遣行員を活用することが一般化した。以前は総務や後方オペレーション、店頭案内係はパート行員や派遣行員であっても、テラーや渉外は正行員で固める暗黙の態勢だった。ところが時代は様変わりした。人材の流動化、女性の活躍の時代であり、このこと自体は誤りではないが、パート行員や派遣行員を管理する態勢が銀行側に整っていなかった点に問題があった。派遣行員であれば問題が発生しても派遣会社の責任、といった甘えがあったのかもしれない。

それにしても十二年間というのは異常な期間であり、かつ正行員と同様に連続休暇が強制されていたかについても疑問だ。人事政策の中で、「パート行員や派遣行員の適切な管理」という言葉が抜け落ちたままスタートしていたことに最大の問題点がある。

なお、民法七百十五条などでは、派遣先の銀行と直接の雇用関係がなくても銀行が派遣行員を直接指揮・命令する以上、銀行には民法上の使用者責任の規定が適用されるので、このような事件が起きた場合、銀行は使用者責任や管理監督責任が問われる可能性がある。ましてこの例では、派遣元は銀行の子会社である。「派遣に関する責任は別」といった認識があったとすれば、そもそもの考えが誤っていたということだろう。

また支店において、上司や内部管理者が川井田恵子の担当先で大口定期預金の解約が多いことに疑問を抱くことがなかった点も、支店での人事管理運営として問題である。

身近な管理者が、どれだけ部下を掌握し管理していたかについても疑問が多い。川井田恵子の例では、高級住宅地に住み、夫も一流企業、本人もM銀行に勤務経験がある、見栄えも礼儀も良い、というと、誰もが安心してしまうキャラクターだった。人格の全てを疑うと職場はうまくいかないが、先入観を排除することは必要だろう。この解決には、態勢の整備、特に正社員に準じた人事管理・支店管理を行うことが望まれる。行内的にはパート行員や派遣行員であっても、顧客からすれば「ひとつの銀行の行員」であることに変わりはないからだ。

検査手法の不備

本件では、十二年間における本店による検査、支店による自店検査でも全く発覚していない点の問題も大きい。確信犯の場合、積極的に不正の証拠は出てこないのが当たり前であり、それをシステム的に制御するのが検査機能であるが、全く機能しなかったことになる。内部的な事務検査だけでなく、会計監査の手法、例えば顧客に対する残高確認も有効であり、他に預金があれば顧客の「あれ？」をもっと早く発見出来たかもしれない。完璧ではないが、カードローンの利用について残高がゼロである口座も含めて一定サイクルで発行している銀行も出てきている。

ベテラン行員は検査手法を知りつくしている。「検査逃れ」の手法が実行されてもチェックできるよう検査も進化する必要がある。

ノウハウ・技術の進化と普及

この事件で不正が長期間発覚しなかった理由として、川井田恵子が顧客の信頼を得て、〝利払い〟をきちんと行っていたことが挙げられる。これは、川井田恵子に銀行事務の経験があって、どのようにすれば顧客は疑わないのか、銀行事務に準じた扱いはどのようなものなのかを知っていたためである。

このように考えると、最近のＰＣの高性能化は侮れないものがある。家庭用プリンターの性能も向上し、複雑な色や押印などの印刷も不可能でなくなった。ノウハウがありＰＣに熟練していれば、利息計算書は勿論のこと、証書ですら作成出来る時代になり、顧客を騙すことが容易になった。一時問題となった、通帳副印鑑のスキャナーによる不正払戻しもこれら技術の一般化によるもので、技術の進化と普及は避けることが出来ない。まして投資信託や保険など商品が多様化している時代である。証書や預かり書、証券が正しいものなのか、疑えばきりがない時代になった。

銀行としては技術面のセキュリティを高めるとともに、残高確認や利息計算郵送書類の確認などの重要性をアナウンスし、顧客にも注意を働きかけることが必要である。銀行に不正リスクがあるため確認して下さいとは言いにくいが、預金者の身を守るものとして自覚を得る啓蒙が必要な時代になったのだ。

第7話

特別保証制度を利用した自行プロパー融資の旧債振替

―地方銀行　特別保証制度悪用事件―

地方銀行Y銀行などによる、政府の「中小企業金融安定化特別保証制度」を利用した自行プロパー融資の旧債振替は、貸し渋り対策の悪用として国会でも議論され、世間の反感を買った不祥事だった。

事件ドキュメント

平成十年十二月九日・参議院予算委員会

平成十年七月十二日に行われた参議院議員選挙で自民党は惨敗し、民社党と共産党が躍進した。同年十二月九日、再選を果たした民社党の江田五月議員が、参議院予算委員会で鋭い質問を浴びせていた。

江田五月議員 「金融の問題も、先の臨時国会で金融システム崩壊を防ぐ手だては出来ましたが、貸し渋りは依然続いている。ちょっとそこを聞いておきましょうか。衆議院の予算委員会でも、銀行が信用保証協会の二十兆円の特別保証制度を悪用して旧債の振替え、すなわち新規の融資をこれまでの借金の返済に使わせているんではないかということが議論されました。Y銀行のケースなどですね。金融監督庁長官、この問題の対応はどうなっていますか」

政府委員（日野正晴＝金融監督庁長官）「お答えいたします。……その結果、金額的には都市銀行を中心にしまして約十九億円の旧債振替えが認められました。大手十八行だけを中心に今調査させていただきました。……しかし、一昨日でございますか、Ｙ銀行の問題が表に出てまいりまして、私どもといたしましては、これはむしろ都市銀行あるいは大手の銀行よりも、もっと地方銀行でありますとか第二地方銀行といったところも調べた方がいいのではないかということになりまして、早速、銀行法二十四条に基づいて調査を開始させていただいたところでございます。……」

江田五月議員「Ｙ銀行の例は、通達というのが私の手元にあるんですが、『当行としては、本制度を「貸出資産内容健全化の千載一遇の機会」と捉え、最優先課題として徹底推進する』と。まあすごいことを言うもので、千載一遇というのはいつかも聞いたことがあるなという気がいたしますが、庶民が困っているのを千載一遇の機会と捉えて自分のところが儲けるとか改善するとかという、まさにあってはならぬことでございますが、十九億円が旧債の振替えと、今ちょっと調べただけでということなんだと思いますけれども、信用保証協会連合会の幹部の方はこれを公金横領ではないかとおっしゃったというようなことも聞こえてくるわけです。……

国務大臣（小渕恵三＝内閣総理大臣）「……特に、中小企業金融安定化特別保証制度につきましては、この二十兆円につきまして、今委員ご指摘のように、既に七兆二千億円を超えるお申し込みをいただいておるという状況でありまして、この点につきましては実は各党からも大変その施策についての評価をいただいておることは大変ありがたいと思っておるわけでございます。

しかし、実際やってみますと、今のような旧債振替の問題等が起こってまいりまして、ご指摘にありましたように、ある銀行などは千載一遇のチャンスだから旧債をすべてこの中で処理しようというような、もってのほかな行為が行われてきておりまして、野中官房長官が、前々、この問題について本当にはらわたが煮えくり返る思いがするというようなことを当時、その発端を見通しながらおっしゃっておりましたが、今なおそのことが大きく問題になっていることはまことに残念至極であります。

我々は中小企業がこの困難に立ち向かって乗り越えるためにこうした措置を講じておるのが、ある意味では銀行救済のためになるのではないかなどということに相なりますれば、全くその本旨を外れることでございますので、今ご指摘をいただいた点も含めまして、関係省庁挙げまして、通産省あるいは金融監督庁さらに一層の努力をしてこうしたことのないように、実際に中小企業の皆さんが資金繰りに困っておられるということに対してこの制度が十分生きていくように最善の努力をいたしていきたい、このように考えております」

貸し渋り・貸し剥がし

平成九年から平成十年にかけて、銀行界にとって激震の年だった。平成九年十一月にはS証券が倒産、Y證券が自主廃業し都市銀行のH銀行が経営破綻という大激震が相次ぎ、Y信託銀行やF銀行の経営危機説まで出て、永代通りは「倒産通り」とまで呼ばれた。平成十年も不安定な状態は続き、十月、十二月の長期信用銀行各行の国有化は銀行の自己資本の脆弱さと環境の厳しさを明白なものとし、翌年に控えた早期是正措置の実施は自己資本比率を意識する経営により傾斜させることとなった。あらゆる銀行にとって、経営破綻は他人事ではなくなったのである。

都市銀行（現在のメガバンク）から地方銀行、信用組合に至るまで、自己資本比率の向上が最大の経営命題となった。その手法は、規模の大小に関係なく利益の蓄積、増資、総資産の圧縮であり、特に不良債権の回収や良質化は、利益を押し上げ、リスクウエイトを下げ、総資産を圧縮する最大のテーマだった。

しかし質が悪く滞るから不良債権であり、この塊が簡単に解消すれば苦労はしない。そこで次善の策として、グループ会社や親密取引先を利用した不良債権の飛ばしや、総資産圧縮のための正常先からの資金回収が行われた。これが悪評高い「貸し渋り」「貸し剥がし」であり、ターゲットとなった多くの中小企業や零細企業が苦しんだ。

このような中小企業・零細企業の信用収縮を解消するため創設されたのが、「中小企業金融安定化特別保証制度」である。

中小企業金融安定化特別保証制度

中小企業金融安定化特別保証制度は、信用保証協会に既存の枠以外に二十兆円の保証枠を新たに確保するものだった。企業からすれば、既存の限度額以外に無担保保証限度枠で五千万円、有担保含めた合計限度枠二億五千万円の設定が可能という、資金繰り対策として期待出来る内容のものとなった。

実際に、導入当初一週間で六万件超、金額で一兆四千億円の保証申し込みが殺到し、導入後四カ月で六十七万件弱、十四兆五千六百億円の申し込みとなった。平均すると二千百万円程度となる。合計限度額が二億五千万円であっても実際に有担保の余力はあまりないと考えられるので、やはり無担保中心の申し込みだったと想像される。ちなみにこのうち保証の承諾は六十一万件弱、十二兆三千億円だった。承諾率は件数で約九十％、金額で約八五％であり、高い水準である。その後保証枠は十兆円追加され三十兆円となり、平成十三年三月までの期限の延長も行われた。

当時の中小企業白書によると、この特別保証制度によって平成十一年度において約七千八百社の倒産が回避され、七万七千人の雇用が確保されたと評価している。実際に中小企業・零細企業の急激な信用収縮をスピードダウンさせる効果はあったのだ。

悪用

しかしこの特別保証制度の審査基準は極めて緩いものだった。

例えば保証の承諾については、認定基準に該当すれば原則として保証を承諾するとされた。その認定基準に該当するかの認定は、各市区町村が窓口として担当した。各市区町村の窓口は金融や経営判断のプロではないため、形式基準で認定の可否判断を行わざるをえない。具体的な認定の要件は、①貸し渋りを受けているか、②取引銀行が倒産したか、のいずれかに該当することであり、多くの中小企業・零細企業がこれに該当した。

次の段階の保証協会の審査も、貸し渋り・貸し剥がし問題に対応する国の優先政策であり、かつ認定基準をクリアし、加えて保証協会のネガティブリストにも該当していなければ「ノー」と言いがたい状況だった。具体的なネガティブリストは、①破産・和議等法的整理中、②不渡・取引停止中、③保証協会に求償債務がある、④粉飾決算、⑤融手操作、

⑥税金滞納で完納の見通しがたたない、⑦法人の商号、本社、業種、代表者などを頻繁に変更している、⑧大幅な債務超過で事業継続が見込めない、であり、該当するケースは少なかった。

最終段階で融資を担う金融機関は世間の非難を浴びている張本人であり、中小企業向け融資を増やさない命題もあって、この段階で拒否されるケースも稀である。

このように、時代の要請として緊急性のあったものとは言え、制度自体盲点の多いものであり、悪用されるケースも発生した。

例えば、融資を仲介するという名目で法外な手数料を取ったり（出資法違反）、書面審査である点を悪用して、書面の偽造等によって保証の承諾を受けて銀行から借入を行い、踏み倒す（詐欺）などの悪用が起き、その中には反社会的勢力や政治家への資金流出が疑われるものもあった。いずれも逮捕者が出ている。また資金使途の面でも、健全な運転資金や設備資金での申し出にもかかわらず、実際は当時バブル状態にあったＩＴ銘柄への株式投資やゴルフ会員権購入に使われたケースもあった。これらは許されるものでないが、最も非難を浴びたのが、銀行による制度の「悪用」であり、社内通達文書が流出したＹ銀行がその象徴となった。

Ｙ銀行の事情と通達、業務改善命令

Ｙ銀行といえば日本を代表する地方銀行である。収益力もあってバランスの取れた銀行だが、バブル経済崩壊の時期には不良債権と自己資本の確保に苦しんだ。平成十一年には金融再生法に基づく公的資金二千億円を受け苦境が続いたが、その後、地元に回帰して大企業取引を圧縮し、収益管理を徹底して平成十六年には公的資金を完済した。

平成十年当時を振返れば、他行と同様に総資産圧縮・自己資本充実・不良債権処理という経営課題に追われていたことが想像出来る。その時代に創設された特別保証制度についてＹ銀行が発出した通達が社外流出し、議員やマスコミの手元にも渡って大きな問題になったのである。その内容は以下のようなものだった。

発行日：平成十年十月十二日
実施日：平成十年十月一日
通達先：出張所除く営業店回覧先：営業店長、融資、渉外
標　題：「中小企業金融安定化特別保証制度」の活用方法について
一．趣旨

中小企業の不況対策と金融機関の貸し渋り対策の一環としてあらたに創設された「中小企業安定化特別保証制度」(以下「安定化特別保証」という)は、従来の保証協会利用可能枠とは別枠で、一企業あたりの無担保保証限度枠五十百万円、有担保含めた合計限度枠二百五十百万円の設定が可能な画期的な制度である。

当行としては、本制度を「貸出資産内容健全化の千載一遇の機会」と捉え、最優先課題として徹底推進する。

以下に、制度の特徴や活用方法等について通知するので、徹底願いたい。

二、新制度の特徴

従来の保証協会付き融資制度と異なる特徴的な事項について、以下に列挙する。

……略……(注)Y市・K市内の企業については、K県協会と各市協会との無担保保証併用が可能のため、利用限度額は一億円。

(2) 銀行プロパー債権との旧債振替が可能であること。

従来「免責事項」であった銀行のプロパー債権のシフトが、「取引先の不利益にならないもの」という条件付きではあるが、特別に認められる。「取引先の不利益とならない旧債振替」とは、たとえば以下のようなものが挙げられる。

・資金繰りの安定を目的とした、短期資金から長期資金への切替え。

・複数債権を一本化することで返済負担の軽減をはかる。

等

…略…

三．制度の活用方法

「安定化特別保証」制度の具体的な活用方法は、以下のとおりとする。

(1)　低格付け先の保全ポジションの是正

低格付け先（格付けⅧ以下）の信用与信圧縮のために、徹底的に活用する。

信用与信圧縮にあたっては、以下の手順ですすめていく。

A．低格付先（格付けⅧ以下先および無格付先の要管理債権先）のリストアップ

別紙一の「金融安定化特別保証制度推進管理表」等により、低格付け先をもらさずリストアップし、推進管理を徹底する。

B．信用与信圧縮の留意点

信用与信圧縮にあたっては以下の点に留意する。

(1)　保全を、直近の評価額に引き直した上で、信用与信部分を正確に把握する。

(2)　以下の債権を優先的に圧縮していく。

ア．プロパー当貸、長期間書替えを繰返している手貸

プロパー当貸の融資金をマル保付き融資にシフトする場合は、当貸契約解約を前提とすること。また、極度取引等により長期間書替えを繰返している手貸についても、マル保へのシフトを徹底する。

（注）制度認定方法としては、「短期資金の長期シフトによる資金繰りの安定化」や「継続的に利用している借入金の条件悪化により資金調達に支障を来しているもの」などの理由付けが可能。

イ．中長期資金

（注）制度認定方法としては、「（複数債権の一本化等による）返済負担の軽減」などの理由付けが可能。

ウ．商手

商手が経常的に発生する先で、支払人の信用力が低い銘柄の多い先は、本制度へのシフトを徹底する。

（注）制度認定方法としては、「割引手形を手持ち資金としてプールすることによる資金調達余力の確保（資金繰りの安定化）」等の理由付けが可能。

…略…

四．その他

…略…

以上のように、通達の内容は低格付け先の保全ポジションの是正という目的のための具体的な方策まで踏込まれたもので、あってはならない内容だった。世間の非難や糾弾を受けたのは、致し方なかったと言える。その後、信用保証協会の保証付融資に関して不適切な表現を含む内部文書が作成されて支店に通知されていたとして、Ｙ銀行等に対して、平成十一年一月十四日付で銀行法第二十六条一項に基づく業務改善命令が発出された。

管理の落とし穴

社会的使命感の欠如

当時、金融界、特に銀行に籍を置いていた者であれば、Ｙ銀行の通達趣旨に対して「理解出来る」という感情もあるかもしれない。当時はどの銀行も不良債権処理に追われており、その中での特別保証制度の創設である。自行プロパー資金が保証協会保証となれば債権分類は第Ⅰ分類債権になり、銀行の自己資本比率の分母（リスクアセット）を貸付金の十分の一に圧縮して計算できる（当時）ためである。

しかし本来は、この特別保証制度によって中小企業・零細企業が立ち直り、その結果として既存債権も良質化する、そのための呼び水であったはずだ。そもそも借換えであれば新たな資金供給にはならず（全体的に返済が抑制されるという効果はあるが）、立法の趣旨には沿わないことは明白である。やはり行ってはならない行為である。しかもそれを推進する通達が本部から支店に発出されたこと、しかもその趣旨の正当性を疑うこともなく、個別理由付けにまで言及している点は、やはり世間が糾弾することも致し方なかった。一言で言えば、銀行としての社会的使命感が欠如していたということだ。心理学者マズローが唱えた欲求段階説によれば、人の欲求は生理的欲求→安全欲求→社会的欲求→自我欲求→自己実現欲求とランクアップしていくと言う。当時の銀行界は、同志が倒れていって安全欲求が高まっていた時期である。社会的欲求にまで高まることはできなかったのだろうか？　そして現在はどの段階にいるのだろうか？

中小企業向け融資を巡る理想論と現実論

時代はやや後になるが、貸し渋り・貸し剥がし問題を解消する一つの対策として生まれたのが「新銀行東京」である。中小企業に対する無担保融資、スコアリングモデルというコンセプトは歓迎されたが、現在の苦境は報道されているとおりである。平成十六年に設立され、平成十七年四月の開業後約四年を経たが、東京都による四百億円の追加出資、行員による不正融資と逮捕、積み上がる赤字という惨憺たる状況だ。

中小企業・零細企業あるいは個人向け融資は奥が深く、高度な知識を要すると考えられている大企業向け融資のほうが簡単であったりする。この複雑さの中に裁定機会、言い換えれば収益機会があるのだが、影響する要因や結果などが複雑系となっていて、銀行としてなかなか安定した収益源になっていないのが現実だ。

内需の低迷、貸金業法改正の影響、コスト高など中小企業・零細企業を巡る環境は依然として厳しい。本来存続し成長すべき企業を育くむ、言葉で言うのは簡単だがこれほど難しいことはない。足下では、サブプライムローン問題、金融混乱、中小企業の苦情への対策として緊急保証制度が創設され、希望者が殺到している。しかし一方で銀行の経営が厳しい時期でもあり本件のような不祥事が再発しないよう注意が必要だ。個人向け融資も含めて、一層の研究と実践が望まれる。

第8話

採用担当者による個人情報の悪用事件

――都市銀行偽リクルーター　強制わいせつ事件――

M銀行行員による、リクルーターを名乗った就職活動女子大生に対する強制わいせつ事件は、銀行の品位を貶める、起こってはならない不祥事であった。

事件ドキュメント

四月八日　犯行

M銀行は就職人気の高い銀行であり、入社の競争率は高い。大学生就職人気ランキングでは、文科系で毎年5位前後をキープしている。

平成十九年四月八日（日曜日）の午前、そのM銀行を第一志望とし、採用試験の第一次面接を通過して四月五日（水曜日）に第二次面接を受けた女子大学生の携帯が鳴った。

「私はM銀行のリクルーターであなたと同じ大学の先輩です。あなたの評価は高いですが、同レベルが何人もおり、選考が難航しています。同窓生としてあなたを応援したいと思っています。私と面接する必要があるので、梅田に出てきて下さい」

女子大生が履歴書に書いた携帯電話にかかってきた、M銀行のリクルーターを名乗った電話である。女子大生は、第二次面接の後でもあり、リクルーターとこのような面接もあるのだと思い、「面接」に向かった。しかしこの「面接」はとんでもないものだった。リクルーターと梅田の地下街で待ち合わせた後、女子大生はカラオケボックスに連れていかれた。カラオケボックスとはちょっと変だな、と女子大生は思ったが、相手はM銀行の採用担当者であり、静かなところで話をする必要もあるのかな、などと考えた。しかし「面接」は異様なものだった。

リクルーターは「僕がプッシュしたら内定がもらえるかもしれへんで」などと言い出し、抱きつくなどのわいせつ行為に及んできたのである。その際リクルーターから「誰にも言ったらあかんで。会社に知れたらあんたの内定はなくなるで」などと口止めも強いられた。女子大生は恐ろしくなってカラオケ店から逃げ出し、被害届を出したのである。

五月十九日　逮捕

この事件は銀行員を名乗った犯罪の可能性もあったが、犯人は実際にM銀行に在籍する行員だった。五月十九日（土曜日）、大阪府警曽根崎署は強制わいせつ容疑でM銀行難波支社の行員白石真也（当時二十四歳）を逮捕した。

報道によると、白石真也は大阪府貝塚市在住で、入行して二年目だった。昭和五十八年に生まれ、平成十八年三月にK大学を卒業した後、M銀行に入行した。

なお、この逮捕を受けて、M銀行は五月三十日付で白石真也を懲戒解雇とした。

六月十一日　再逮捕・追起訴

白石真也に対する取り調べやM銀行難波支社の捜索などの結果、余罪があることが判明し、大阪府警は六月十一日に白石真也を再逮捕した。その後の被告人質問などによると、白石真也は十人ぐらい電話をかけてそれに三人が応じたと言い、そのうちの一人が抱きつかれた女子大生だった。残りの一人は同様にわいせつ行為の被害を受け、一人は酒を飲まされて意識がもうろうとしているところを暴行されるという、より悪質な犯罪行為の被害を受けた。いずれの三人とも、四月八日の犯罪だった。

その後の六月二十九日、大阪地検は暴行罪で白石真也を追起訴し、さらに七月二十七日には準強姦罪で地裁に起訴した。大阪地裁で開かれた公判では、白石真也は準強姦や強制わいせつについて「事実です」として起訴事実を認めた。

九月二十七日　論告求刑

白石真也の論告求刑公判は九月二十七日、大阪地裁で開かれた。

検察側は「就職活動に取組む学生の熱意を踏みにじり、人生の進路にも多大な影響を与えた」として懲役八年を求刑した。弁護側が最終弁論で情状酌量を求め、結審した。

この日は論告に先立って被告人質問も行われ、白石真也は「職場や家庭のことで悩みがあり、わいせつな行為をしてストレスを解消したかった」と述べた。

十月二十九日　実刑判決

十月二十九日、大阪地裁は白石真也に対して懲役四年六カ月（求刑懲役八年）の実刑判決を言い渡した。判決では、妻子のいる白石被告が浮気相手の女性とうまくいかず、性欲を解消しようとして犯行に及んだと指摘している。並木正男裁判長は判決理由で「銀行への就職を希望する学生の気持ちを利用した卑劣で狡猾な犯行だ」と述べ、断罪した。

銀行の対応

事件への対応

この不祥事は、預金横領や不正融資とはレベルの違う、情けない事件だった。特に被害者が就職を希望する女子学生であった点の問題は大きく、四月十日には就職応募学生に対して以下のメールが送られている。事実認定などが未了の段階であるが、被害を予防する意味で適切な対応だった。

受信日時　二〇〇七年四月十日＊＊：＊＊

件名：お知らせ

学生の皆さんへ

四月に入り、各社の選考もいよいよ本番を迎えていると思いますが、いかがお過ごしですか。

弊行では、オープンでクリーンな選考を心がけており、面接選考は、弊行指定の会場で行っております。職種別採用の新設に伴い、選考会場が複数に分かれる地域がありますので、採用ＨＰ掲載の詳細地図をよくご覧いただき、会場を間違わないようにご注意ください。

尚、弊行指定の選考会場以外で選考面接や面談を行うことは、一切ございません。念のためご連絡いたします。

【照会窓口】人事部　採用・キャリアグループ

〇三―＊＊＊＊―＊＊＊＊

受付時間　午前九：〇〇～一七：〇〇

また五月十九日の逮捕後には、広報部が「今般、大阪にて当行の行員が警察に逮捕されるという事件が発生いたしました。このような事態となり誠に申し訳なく、お詫びを申し上げますとともに、警察の捜査には全面的に協力してまいります」「誠に申し訳なく、お詫び申し上げます。今後、一層の行員教育を行い、必要な再発防止に努めてまいります」などとコメントした。また五月三十日には白石真也を懲戒解雇としており、おおむね適切な対応と言えよう。

採用作業の問題

この事件が発生したそもそもの原因は、リクルーターという制度、並びに行員が就職希望者の連絡先などの個人情報を知ることが出来たという点にある。

前者については、一昔前ほど多くはないものの、実際に人事や採用に直結するケースが多いという。M銀行にはリクルーターという制度自体はなく、就職希望者との個別の接触は禁じていた。したがって、白石真也はリクルーターではなく「リクルーターを名乗っていた」と言える。

また後者については、M銀行では若手社員が採用にあたって受付や書類整理などの補助的な業務を行っていたという。つまり実務面では入行三年目までの行員の多くが事務面で一次面接にかかわっていたようである。実際に白石真也は採用面接で使われた名簿やエントリーシートなどを見ることが出来て、これを利用して女子大生に連絡を取っている。

管理の落とし穴

行員のモラル低下

本件は、行員のモラルが低下していることを如実に反映したものだった。入行三年目という年次は、将来の希望がなくなって自棄になる世代でもないはずだ。そもそも採用のミスだったのか、あるいは人間的問題、入行後の問題なのかは分からないが、いずれにしてもあってはならない事件が銀行に起きたことは嘆かわしいとしか言えない。

せめて再発防止がされているかと思ったら、今度は同行の四十四歳の管理職が同年秋に事件を起こした。内容は、行員である竹内昭が十一月二十二日午後十一時四十五分ごろ、常磐線の下り電車の中で、二十七歳の会社員の女性の尻を触るなどして取り押さえられ、現行犯逮捕された痴漢行為だった。しかも、ホームに警察官が来るまでの間に激怒する女性に対して「これで勘弁してくれ」と言って一万円を出し、その場から逃れようとした。

竹内昭は当時酒に酔っており、取調べに対して「申し訳ないことをした」などと容疑を認めている。ちなみに竹内昭は埼玉県内の支店の相談課の課長であった。

なぜモラル低下が起きるのか？　左記の点が考えられる。

①　もともとモラルの低い人材だった
②　銀行での自分の処遇について不満があり、自棄になった
③　コンプライアンスや業績に厳しい職場環境の反動が噴出した
④　長く働くにつれて、夢や理想を失って社会人としての自覚もなくなった
⑤　気晴らしの飲酒の癖が悪く、無茶な行動をするようになった
⑥　家庭が不和で社会人としても不遇であり、守るものがなくなった

このようにモラルが低下する理由を列挙すると、採用方法や人事管理の問題がほとんどになるが、その解決はとても難しいことが理解出来る。あらゆる人間が満足するような人事処遇はあり得ない。その前提で、不満と妬みとストレスに満ちた自分をコントロールするのが社会人であり、またそれをサポートするのが管理職である。

ところが、管理職自体も上司や本部からのストレスにさらされていて、上司は本部から、

本部は役員から、役員はホールディングカンパニーから、ホールディングカンパニーは市場や株主からの強いプレッシャーにさらされている。「部下の世話をみる余裕なんてないよ」というのが本音であるが、その部下が問題を起こすとその影響は自分に及んでしまう。良い部下に恵まれるか、あるいは良くない部下が悪事を犯さない幸運に恵まれるか、いずれにしても運頼りにならざるを得ないのが現在の人事管理状況なのだ。

可能な対策としては、誰もが心の闇を持っていることを認識し、皆大変だという共通意識を持たせる、害のないところで吐き出させる、適度な休暇を与える、などといったオーソドックスなものしかないのだろう。守るべきものが何かある者は、どこかでハドメが効くはずである。

想定外の個人情報管理の問題

個人情報保護意識はおおむね社会に定着したと言える（悪意なる違法者はいるものの）。多くの情報を扱う銀行においてはなおさらであるが、この事件では就職希望者の個人情報が悪用された。個人情報というと「顧客情報」と考えてしまうが、実際は業務に関する広範囲なものが該当する。したがって、あらゆる分野で個人情報が守られるような仕組みの構築が必要である。この点については、現在多くの金融機関で内部統制の整備（事務フロー、権限、リスク、記録などの整合性と妥当性のある整備）が進められている。この中で相当部分は解決が可能のはずである。しかし形式は整っても、実務の運用面が不十分であれば問題は解決しない。行員の動態を検査することもやはり必要である。

また、現在は新たな業務が生まれて多様化する時代であり、個人情報はその重要な部分である。時代に乗り遅れないよう、そして盲点がないよう金融機関は常に留意せねばならない。

クライシス発生時の対応

この事件では、M銀行はおおむね妥当な対応を行った。事件発生時対応の難しいところは、銀行が内偵していた場合以外はいきなり発生することであり、しかもこの事件のように想定されないような種類の事件が起き得るという点である。しかも発生したものはリスクではなく、既に企業価値を毀損するクライシスである点だ。

クライシスに遭遇すると、被害者はＳＤＡ＝Shock（ショック）→Doubt（疑問）→Anger（怒り）という感情推移をするとされていて、自己防衛行動から攻撃行動へ移行し拡散していく。適切な対応とはこの拡散を食い止めることであり、そのためには被害者などの関係者の情報欲求をまず満たすこと、そのためのコミュニケーションの方法が何より重要になる。したがって、平時からクライシス・コミュニケーションと呼ばれる対応手順を事前に定めておくことがリスク管理上も必須である。

第9話

頭取が目論んだ不祥事隠蔽事件

――地方銀行不祥事隠蔽　頭取引責辞任騒動事件――

平成十八年にK銀行で起きた不祥事隠しによる頭取の引責辞任騒動は、未熟な内部管理態勢と、経営陣の低いコンプライアンス意識がもたらした事件であった。

事件ドキュメント

不祥事連続発生

第二地方銀行K銀行の頭取は、平成十五年から平成十七年にかけて八件という、連続して発生する行員の不祥事に頭を悩ましていた。不良貸付や億円単位の横領といった紙面を賑わすものではなかったが、顧客の預金を着服するといった、あってはならない不祥事が続いていた。

不祥事が発生すると銀行法第五十三条第一項第八号及び同法施行規則第三十五条第一項第二十五号の規定によって金融当局への届出が必要であり、「不祥事件等届出書」という様式も制定されている。K銀行の場合は中国財務局を通じて金融庁長官へ届出が必要であった。実際に顧客から通報があった四件の着服事件については金融当局に報告を行い、事件を起こした行員は懲戒解雇にしている。しかし内部調査で発覚した四件の事件について、頭取はその扱いに頭を悩ましていた。

不祥事の内容は、行員による預金着服であり、金額は、七千二百万円、五百五十二万円、三百七十万円、百万円である。七千二百万円は多額であるし、しかもこのように不祥事が続くと金融庁による業務改善命令などの行政処分は避けられないかもしれない。地方の銀行を改革しハイブリッドな金融機関に姿を変えようとしていた頭取にとって、「行員による着服事件」という原始的な不祥事の連続発生による行政処分は、なんとしても避けたい事情があった。

厳しい時代の地方銀行改革

K銀行の頭取は、昭和十七年に鳥取県に生まれ、K大学経済学部を卒業後、日本銀行に入行した。昭和十七年というと、第二次世界大戦さなか、ミッドウェー海戦の年の生まれということになる。日本銀行では釧路支店長や広島支店長を歴任し、平成七年同行を退職しK銀行に入行、専務取締役、副頭取を経て平成九年に頭取に就任した。

入行した平成七年は阪神大震災やオウム真理教による地下鉄サリン事件が起きた年であり、金融界においても八月にH銀行とK信用組合が破綻し、九月にはD銀行ニューヨーク支店における巨額損失が明るみになった混乱の年である。頭取に就任した平成九年も混乱は続き、総会屋への利益供与事件によりN證券やK銀行が世間から糾弾を浴び、九月にはヤオハンが倒産した。十一月にはS証券が会社更生法を申請して社債市場が混乱に陥り、H銀行が経営破綻し、Y證券が多額の簿外負債などにより自主廃業、C銀行が経営破綻するという、厳しい時代だった。K銀行においても、この金融界の大嵐と別世界にいるわけにはいかなかった。一兆円に満たない資金量、上場していないハンディ、人材の不足、地元経済の疲弊など、銀行の破綻は他人事ではない厳しい状態であり、いわゆる弱小銀行の一つだった。しかも無尽株式会社、相互銀行という歴史の中で、内部からのスクラップ・アンド・ビルドによる経営改革は難しいものだった。

頭取は日本銀行出身であり、このような時代の地域金融機関の経営者であれば保守的な運営を行うのが常である。しかしその経営は異色だった。バブル経済期の不良債権や有価証券投資損失を処理し、平成十五年には子会社のリース会社とCリースとの業務提携を行い、業務の多角化を目指した。また当時は目新しかった社会的使命（CSR）への取組み、女性の活用（厚生大臣賞受賞）など、元気のなかった地域金融機関にとっては刺激的ともいえる施策を行い、平成十六年には銀行協会の副会長に就任した。特に、発案された「しあわせ市民バンク」は、社会的意義のある市民事業の起業を志す者に対して無担保、長期、低金利で融資する制度の創設であり、ノーベル平和賞を獲得したグラミン銀行のマイクロクレジット機関に似たものだった。このように頭取は「日本でいちばん面白い銀行」を目指し「知る人ぞ知る銀行経営者」になったのだが、その名を一層有名なものとしたのがライブドアとのネット銀行設立構想と女性の役員登用だった。

インターネット専業銀行構想

平成十七年一月二十四日、ライブドアとＫ銀行がインターネット専業銀行を設立することが発表された。これによりＫ銀行の知名度は一気に向上した。出資比率はＫ銀行が五十一％、ライブドア（子会社ライブドアフィナンシャルホールディングス）が四十九％という妥当なものだった。

その後、同年三月七日には業務提携が締結され、構想は現実化に向けて走り出した。第二地方銀行とライブドアという異色の組合せは衝撃的なものだった。小さな地方銀行の商圏が一気に全国に拡大することを意味し、既存の地域圏に安住している地域金融機関やメガバンクは得体の知れない恐怖感を味わった。一方ＩＴ業界からすると、悲願の銀行業参入への道筋が意外と簡単に出来るという違う面での衝撃があった。しかし、この構想は堀江被告の逮捕という思わぬ事態で頓挫する。一方の経営陣が逮捕・起訴されたとなれば、金融庁による銀行業認可は極めて困難となる。その結果、業務提携締結から約一年後の平成十八年三月二十九日、両者が業務提携を解除し、インターネット専業銀行構想は消滅した。このプロジェクトを推進した頭取としては痛恨の結果だっただろう。

女性役員登用

頭取は、男性社会色の強い銀行の中で女性登用を積極的に進めた。平成十六年六月に、邦銀としては初めての女性役員を外部から招聘して専務取締役とし、平成十七年六月には次期トップ含みで副頭取に昇格させた。またK銀行として初の社外取締役として、コンサルタント会社から女性役員を迎え、その結果、取締役と監査役の計十二人のうち、三人が女性となった。

K銀行は以前から女性活用には熱心だったが、この女性役員の招聘を機にスピードアップし、出産退職者の再雇用制度創設、育児休業制度の導入、託児所の設置などを行い、女性の管理職登用も進め、女性支店長の比率も十五％を超えるに至った。

隠蔽

このように、インターネット専業銀行構想の頓挫はあったものの、頭取の目指す「日本でいちばん面白い銀行」構想は着々と成果を上げ、知名度も全国区になりつつあった。しかしK銀行全体がこの動きと同調しているかというとそうでもなく、抵抗感を持つ行員も少なくなかった。

トップによる目新しい施策は行員の前向きな感覚を刺激するが、一方でそれを実現していくには未経験の領域にトライしていかねばならない。特に銀行とジョイントのインターネット専門銀行の立ち上げは真似をする前例すらなく、一方でパートナーとしてのライブドアだけが有利に立ち回っているように見え、実務を行う行員にとっては途方に暮れる作業となった。新たに迎えた専務が率いる東京部門だけが注目され、地元が軽視されているという不満も蓄積していた。

また女性活用についても、逆に言えば男性の管理職ポストが削られたことを意味する。ポストは収入にもモラルにも影響する重要な要素であり、しかもそれを推進しているのは現場行員の苦労を知らない外部から来た女性役員である。ポストとプライドは強くリンクしていて、現状維持意識の強い行員にとっては不愉快な状況であり、女性管理職は、現場ではうまく機能していなかった。

しかも知名度が全国区になっても、給与水準はメガバンクや地方銀行には及ばず、厳しい労働環境である。このように、経営者の知らないところで行員に複雑なモラルの歪みが生じていた。

頭取が頭を悩ましていた行員による不祥事は、このような状況下で発生していた。頭取は、当局に報告を行わないことの重大性は認識している。しかし一方で「日本でいちばん面白い銀行」構想を進める中で、このような不祥事による行政処分は致命的なイメージダウンとなる。結果、四件の不祥事については当該行員に全額弁済をさせ、金融当局には届出を行わなかった。本来は懲戒解雇すべきであるが、不祥事を認めていない手前、退職金の支給も行われた。金融当局に届出を行った四件に関しては、特段の行政処分は行われず、頭取としては「これで結果良し」という感覚だったのかもしれない。

発覚と処分

頭取が目論んだ隠蔽は、行内からの財務局への内部告発によって発覚する。三件の内部告発を受けて平成十八年二月から財務局による検査が行われ、経営陣による不祥事隠しは金融庁の知るところとなった。

そして同年五月二十六日、金融庁はK銀行に対し内部管理体制の立て直しなどを求める業務改善命令を発動し、経営責任の明確化や、取締役会、監査役による経営監視が有効に機能する体制の構築などを指示し、一カ月後までに具体策を盛込んだ業務改善計画を提出するよう命じた。

同日はくしくも、ライブドア事件で宮内亮治被告ら六人と、法人としてのライブドアに対する初公判が東京地裁で開かれた日だった。

また、この経営責任を取って頭取の辞任と、副頭取の辞任が発表された。その後五月二十九日には金融庁長官による会見が行われ、質疑の中で「コンプライアンス、あるいは企業の経営管理全般ということについてより重点をおいた経営をしていただきたい」との答えが行われた。

また、六月三十日には、頭取の出身である日本銀行が、K銀行に対して考査を実施した際に、同行が考査契約に違反し、求められた資料の提出に関して正当な理由なく情報を提供しなかった事実があったこと、これは看過し得ない、非常に遺憾な行為であったこと、を公表するに至った。

管理の落とし穴

現場で頻発する着服

銀行において、顧客の預金等を行員が着服する行為は、特に渉外担当の場合は「やろうと思えば出来る」不正である。顧客は銀行員を信用しているし、銀行員は銀行内部の事務処理を知っていて一度店外に出れば"自由"であり、かつ最近のPCの高性能化やインターネットによる情報入手の容易性からすれば、抜け道は必ずある。したがって、この不正を撲滅するには、起こり得るものとしての監査態勢の強化と、人材の指導・育成という基本的対応しかあり得ない。

特に営業現場において水際で発生を阻止することが重要であり、抜き打ち検査、支店長をはじめとする上司による指導、生活振りへの関心などがポイントとなるだろう。これらのことは、昔の銀行であれば日常的に行われていたことである。ところが収益至上主義への傾斜によって内部管理がお題目となり、実質的には軽視される風潮が広まったこと、効率化による人員数の不足、行き過ぎた個人保護によって業務上必要なコミュニケーションが構築されなくなったこと等によって、不正防止に対する優先度が下がっていることは嘆かわしい現実である。

このK銀行の事件が起きたのは平成十八年五～六月だが、その前後でも地域銀行ではO銀行（三月＝預金等の横領）、F銀行（三月＝預金等の着服・流用）、S銀行（三月＝預金着服等）、G銀行（四月＝ATM抜取り）、H銀行（六月＝預金等の横領）などが行政処分を受けており、信用金庫等においてはさらに頻発している。

経営陣は「不祥事」に対しては目を背けたくなりがちであるが、現実は危機的な状況であり、その撲滅に注力しなければならない。Ｋ銀行の例にあるように、大きな経営責任に結びつくことを再度自覚する必要があるだろう。

経営者のコンプライアンス意識とメンタルケア

Ｋ銀行の不祥事は、頭取の認識の下に行われたものであり、頭取としての資質が欠けていたと言わざるを得ない。よって辞任は当然であるし、ライブドアとの提携が頓挫したあたりから、頭取の経営者としての潮目は変わっていたのだろう。一部経営陣による内部告発によって発覚したという点も、経営陣全体に問題があった証左である。本来、経営者は高いコンプライアンス意識が求められており、前向きな方向性との狭間で悩むことはあり得る。これは頭取に限らず、役員から支店長、部下を持つ課長、係長に至るまで、共通のテーマである。本来は、報告すべきルールに従って報告したほうが楽であるし、危機感も高まり、再スタートという考え方も出来る。

しかし、実際に部下の不祥事に遭遇すると心が揺らぐこともあり、そこで狭く短絡的な考え方に陥ってしまい、隠蔽という最悪の選択をしてしまう。この風通しをよくするには、上司が部下に対して報告しやすい環境を作ること、つまり内容よりも報告しないことのほうが「悪」なこと、責任は一人だけが負うものではないことなどを常日頃から浸透させることが重要である。この姿勢を強くすると「報告すれば何をやってもいいんだ」という甘えも生まれるが、ともかく報告させること、隠蔽させないことが最重要である。最近の若者は人間関係が希薄であり、傷つくことを極端に恐れるという。報告すれば傷つくことは想像がつくので、一人で抱えて最悪の事態を招くこともあり得る。また中高年層では、リストラにあった場合の収入減も隠蔽の動機になるだろう。年齢層を超えて、やさしいメンタルケアが不祥事防止のためにも必要な時代になったのだ。

第10話

女子職員によるＡＴＭ現金着服事件

――信用金庫女子職員　ＡＴＭ一億円抜き取り事件――

平成十九年S信用金庫で起きた女子職員による一億二千四百万円ものATM現金着服事件は、現場のずさんな管理と甘いガバナンス姿勢が起こした事件だった。

事件ドキュメント

発端

「麻里子、金が要るんだ。借金がたまって大変なんじゃ。麻里子は信用金庫に勤めているだろ。よーけ貯えもあるだろ。なんとかならないか？」

S信用金庫に勤める丹羽麻里子が交際していた彼からお金の無心をされたのは一回ではなかった。

「そんなお金、あらすか！　信用金庫っていっても、月収は二十万円もないんじゃ。たわけが！　まして、信金の金をどうにかするなんて絶対あかすか！」

丹羽麻里子の家は親も姉妹も信用金庫に勤める家庭である。まして丹羽一家が住んでいる名古屋周辺は保守的で貯蓄が好きな場所柄だ。自分が働いて貯めたお金を他人の借金ためにに使うなんて考えられなかった。多額の預金を解約すると支店でも目立つだろうし、親兄弟に知られたくないし、そもそも預金残高が減るのは嫌なものだ。お金を無心する交際相手には呆れるばかりだったが、そんな男性を好きになったことに対する自己嫌悪も相当のものだった。

しかし今回ばかりは、交際相手の顔が真剣だった。きっと大変な状態なのだろう。

「わかった。なんとかするけ、ちょっと待って。ちゃっとには無理だから」丹羽麻里子は覚悟を決めた。

「親や兄弟、支店の人たちにばれないように貯めてきたお金を集めよう、足りなかったら消費者金融からちょっと借りるしかない。信金勤めだし、貸してくれるだろう。きちんと返済すれば大丈夫。でもこれが最初で最後だ」

丹羽麻里子はなんとかお金を集めたが、結局約百万円を借金することになった。

百万円というのは返済出来ないほどの多額ではないが微妙な額である。リボルビング型ではあるが、毎月三万円程度を返済せねばならない。給与は意外と低く、今まで貯蓄に回していた余裕資金が返済に消えてしまう。全国規模の金融機関なら給与体系は東京などがベースになるので、地価や物価の安い地方に住む従業員にとっては十分な高給になる。しかし地方に基盤を置く金融機関の場合はどうしても地元企業水準が意識されるので、金融機関というイメージの割に給与が抑えられていることが多い。自宅通勤の身とは言え、丹羽麻里子にはつらい借金だった。

「よし、頑張って借金を早く返そう。そのためには節約と何かアルバイトをすればいいんだ」丹羽麻里子は考えた。

しかし、平日は信金に勤める身で時間をかけず月に三万円以上を稼ぐことが出来るアルバイトはなかなかない。そんな丹羽麻里子が、ある広告を目にした。〝体験入店OK〟〝誰でも出来ます〟〝出勤自由！ノルマなし！〟〝仕事はキャバクラのフロアレディ〟、俗に言うキャバ嬢である。

「水商売かぁ〜」堅い家庭に育った丹羽麻里子にとって抵抗のある仕事だったが、収入もいいしちょっと興味もあった。何より三千円以上の時給が魅力である。「頑張って働いてさっさと借金をなくそう。自分はしっかりしているから無駄使いもせず、短期間で脱出出来る！もちろん親兄弟にも金庫にも秘密にしなきゃいけないけど、まぁ大丈夫」そう自分で納得し、丹羽麻里子は一歩を踏み出した。

キャバクラの採用面接に簡単に受かったことで気分は高まったし、なによりちょっとおしゃれな世界に入る変身願望を満たすことの楽しさもあったのだ。

現実

水商売の世界に踏み出した丹羽麻里子だったが、現実は甘いものではなかった。深夜までの勤務は肉体的にも大変で、接客はつらいものだった。どんな客にも笑顔で隣に座らねばならないし、愚痴を聞かされるのもつらく、タバコの煙も人間関係も苦手だった。中には暴言を吐く客や平気で手を出してくる客もいる。それは信金勤めで自信を持っていた窓口に来る「お客様」への対応とは全然違う世界で、丹羽麻里子をひどく疲れさせるものだった。しかもそれだけ苦労しているにも係らず借金はなかなか減らなくて、親兄弟には真面目な信金勤めを演じなければならない。キャバクラ勤めは職場においても絶対秘密にせねばならないし、日中の眠たさは隠さなければならない。指名客を持つための営業も必要で、丹羽麻里子は精神的に参ってきていた。

そんな平成十七年のある日、同僚と名古屋の繁華街栄を歩いているときに客引にホストクラブに誘われた。「ホストクラブなんてただお金を捨てるだけの馬鹿馬鹿しい世界」と思っていた丹羽麻里子だったが、お試しコース三千円でイケメンがやさしい言葉をかけてチヤホヤしてくれる想像以上の天国だった。

「こんな楽しい、私を大事にしてくれる世界があったんだ。堅いだけの変化のない職場、お金にルーズな彼、なにかと細かい家族、二十五歳という年齢、そして借金の中で生きてきた私にも、こんなに自分を解放する場所があったんだ。お金がかかるから気をつけなきゃいけないけど、キャバクラで稼いでいるし、ちょっとくらいなら大丈夫！」

そう思いながら、丹羽麻里子はホストにのめり込んでいった。

しかも、そののめり込み方は尋常ではなかった。ある一人のホストを気に入り、一人で通い始めたのだ。堅実と真面目が取り柄の二十数年間の反動が爆発したようだった。ホストの気を惹こうとほぼ一日おきにホストクラブに行き、数週間後には常連となっていた。そのホストを店のナンバーワンにしようと金をつぎ込み、実際にそのホストが店のトップになって東京のホストクラブに移ると毎週のように新幹線で通うほどの入れ込みだった。

また、栄店の別のホストにも「あなたもナンバーワンにしてあげる」といって金をつぎ込んだ。後の裁判での被告人質問で、丹羽麻里子は「現実を忘れたかった。当時はそこに行けばすべてが忘れられるような感じだった」などと述べている。丹羽麻里子にとって、唯一の自己実現の場だったのかもしれない。ホストクラブ側からすれば、キャバクラ嬢とは言えアルバイトの一般人であり、しかも一人で通っている。多額の売掛は危険であるし、資金の出所にも不審さがあるはずだが、業界ではお金の詮索を行わないのが暗黙のルールである。最終的に愛知県警もホストクラブは共犯にはあたらないと判断した。

犯行

このようにホストにのめり込んだ丹羽麻里子だが、信金の給料ではお金が続かなかった。クレジットや消費者金融などの借金が積み上がり、毎月の返済額が三十万円を超えるようになってきた。

信金勤めの丹羽麻里子は延滞することの意味を知っている。返済が滞らないように右から左へ返済のための借金を重ねてきたが、ついに限界がやってきた。しかも借金の返済ばかりをしていると、ホストへつぎ込むお金が少なくなってしまう。ホストクラブのツケもたまってきた。丹羽麻里子は何よりホストに相手にされなくなることを恐れた。借金返済＋ツケ代＋ホスト代がどうしても必要で、しかもいずれも小さな額では済まなくなってきたのである。

その頃、丹羽麻里子はＳ信用金庫の今池支店に勤務していた。Ｓ信用金庫は愛知県の中核都市に本店を置くが、本店所在市よりも名古屋市に多くの支店を配置している。今池支店も名古屋市の中心部千種区にあって、広小路通沿いの賑やかなところにある。丹羽麻里子が住む地の最寄り駅から五十分程度のところにある。丹羽麻里子は預金業務に属していて、出納係としてＡＴＭ現金の扱いも担当していた。

お金に困った丹羽麻里子だが、さすがに出納のお金に手をつけることは出来なかった。毎日二回の精査もあるし、交代もあるからだ。信金のお金に手をつけるなんてとんでもない、と思っていた丹羽麻里子だが、ある日、ＡＴＭ現金の補充や精査が完全に自分一人に任されていることに気がついた。実際は新入行員と丹羽麻里子の二人が担当していたのだが、新入行員は自分の指示に従っているだけである。丹羽麻里子が実質的に管理者となったＡＴＭが別世界の〝金庫〟になっていたのだ。

ＡＴＭ内の現金は内部還流型の場合でも不足が発生するし、二十五日以降や休日前には多額の補充が必要で、その際は担当者だけではなく管理職が立ち会うことになっている。S信用金庫の場合、内規で支店長代理がＡＴＭの鍵を管理し、ＡＴＭの開閉や出入金は支店長や次長、支店長代理などの管理職と出納係の二人で行うよう定めている。また毎日締めの精査も行われる。その場合はＡＴＭ内の有り高を表示したコンピュータのアウトプットデータとともに、ＡＴＭから出てくるジャーナル（機械ごとの入出金額、金種などが記載される）、現金によって精査される。しかし今池支店の場合、現金補充の際は管理職が立ち会わないことが多く、ＡＴＭの鍵はなんと丹羽麻里子に預けられていたのである。

借金返済とホスト資金に困った丹羽麻里子は、「ちょっと借りるだけ。私しか管理していないから、ばれないうちに返せば分からない。ホストにも会いに行きたいし…」と自分を納得させ、平成十八年の十月、とうとう現金を補充する時に一部を抜き取ったのだ。

支店の現金自動収納支払機からＡＴＭ補充のための現金を出し、ＡＴＭに収納する際に抜き取るという単純なやり口で、思いのほか容易だった。とは言え、現金を抜き取る瞬間、丹羽麻里子は自分の心臓の鼓動が今池支店中に聞こえるのではないかと思うほどの恐怖に囚われた。抜き取った現金を私物にする間も、誰かに見られているのではないかと恐れおののいた。上司の目も、来店客の目も怖かった。しかし結局誰にも分からず、その後の日常も思いのほか普段と変わらなかった。その平穏さが丹羽麻里子をより大胆にさせた。

その日を境に、今池支店のＡＴＭは丹羽麻里子の財布と化した。犯行は大胆になっていき、現金補充の際の抜き取りだけでなく、ＡＴＭに収納されている現金を、鍵を開けて抜き取ることすら行った。ＡＴＭ以外の機械も丹羽麻里子の手中にあった。ＡＴＭ管理には精査が毎日行われるが、ＡＴＭからアウトプットされて本来精査時に添付せねばならないジャーナルを添付しないことは日常的で、支店端末からアウトプットされるデータの改ざんも行った。補充の際の回金票にＡＴＭへの入金を表示するジャーナルをつけなくても、上司から何も言われなかった。

こうなると丹羽麻里子は止まらなかった。多額の現金が手元に入り、多くはホストにつぎ込まれた。ホストクラブでドンペリなどの高級酒を何本もテーブルに並べて八百万円の札束を積み、使い果たしたこともあったという。自分が犯している罪の大きさを知っているだけに、つかの間それを忘れるために行動はますますエスカレートしていった。

発覚と処分

平成十九年三月九日、今池支店の別の集金担当職員が百五十万円を入金したはずの集金用金庫から五十万円しか出てこないことに気づき、調査が開始された。その結果、延べ一億二千四百万円の現金が不足していることが判明し、出納・ATMを担当している丹羽麻里子が疑われ、犯行が発覚した。五カ月間で一億二千四百万円、一カ月平均約二千五百万円という、短期で多額の横領事件となった。

翌十日に東海財務局への報告を行い、十二日に愛知県警へ届出がされた。三月二十三日には職員の横領事件としてS信用金庫が発表を行い、翌日にかけてマスコミ報道が相次いだ。二十七歳の信金職員の多額横領として紙面を賑わした。

丹羽麻里子は五月に懲戒解雇となり、六月十六日、愛知県警に業務上横領により逮捕された。直接的な逮捕容疑は一月十六日に、現金を保管する機械からATMに一千万円を移し替える際に八百万円だけを入れ、残り二百万円は自分名義の口座に入金して横領した疑いだったが、その後全容が明らかになった。

六月二十二日にはS信用金庫の会長（当時七十三歳）と理事長（当時六十七歳）が任期を一年残し辞任した。S信用金庫ではこの不祥事だけでなく、平成十七年に男性職員二人による約二億五千万円もの預金着服、さらに平成八年から平成十八年にかけて振込手数料の二重取りが九百八十九回分もあることが内部調査で判明しながら利用者に返還しないという不祥事を起こしており、東海財務局はそれぞれ業務改善命令を出している最中だった。

辞任は当然のことだったが、度重なる不祥事にもかかわらず退職慰労金を規定通り支払うなど通常の辞任と変わらないことも明らかにされ、金融機関としての姿勢を問う声も上がった。

十一月六日には名古屋地裁で判決公判があり、大村泰平裁判官は、ホストクラブ通いで支払いに窮したという動機を「身勝手で酌量の余地はない」と指摘する一方、両親らが約千三百万円を弁償したことなどを挙げ、懲役三年、執行猶予五年（求刑懲役三年）を言い渡した。

判決後、大村裁判官が「周りにとんでもない迷惑を掛けた。一日も早く社会復帰し借りを返すように」と諭すと、丹羽麻里子は静かに頷いた。

十一月二十二日には、東海財務局から内部管理態勢に重大な問題があると認められ、S信用金庫に対して業務改善命令が発出された。

管理の落とし穴

機能していない現場の内部管理態勢

内部管理態勢という言葉は、組織や規程を作ることだけではない。実際に機能しないと何の意味もない。この不祥事では、丹羽麻里子の動機以上に今池支店における上司のルーズな管理姿勢が目立つ。部下を信用することは大事だが、ルールを逸脱して任せることとは全く違うことを管理者は自覚せねばならない。営業現場は多忙かつ少ない人員で業務をこなしており、一人ひとりへの依存度は高まりがちである。まして二十七歳の女子職員であれば経験もありミスも少なく、親兄弟も信金勤めで信頼度は高いだろう。しかし、少なくとも現金管理は都度・日々きちんと行うべきであり、それすら出来ていなかったことは理由にかかわらず怠慢である。ましてＡＴＭの鍵すら任せるというのは異常だ。発覚も集金担当の指摘によるもので、上司による精査によるものでなかった点が情けない。

自店検査・店内監査も形式的なもので、丹羽麻里子の悪意によって簡単に騙すことが出来る程度のものだった。これでは内部管理態勢は機能しない。平成十九年十月にＳ信用金庫はＡＴＭの現金出入業務を警備会社にアウトソーシングすることを発表したが、これは一部の解決に過ぎない。このままの管理態勢では違う不祥事がまた起きる可能性がある。

この不祥事のように短期間の犯罪の場合、本部による検査サイクルの間ということもあり、本部検査・監査に全面的に依存することも出来ない。一週間程度の長期休暇で不正が発覚することもあるが、この事件は秋から春にかけて行われており夏季休暇などの機会もなく、〝休暇を取らない不審さ〟もなかった。やはり現場である営業店は、支店長を中心にきちんとした管理を日常的に行うことが第一歩であることを、再度認識することが必要である。細かな上司は嫌われるが、結果としてその細かさで不正への誘惑から逃れられることもある。「この上司に迷惑をかけてはいけない、だから不正なんかしない」と思われるくらいの人格者になるか、「この上司はやけに細かいし、お見通しだ。だから不正なんて出来ない」と思われる管理者になるか、上司にはこのどちらかの要素が必須である。横領を始めて五カ月間の丹羽麻里子の仕事振り、生活振りはどうだったのだろう。その変化に気づく上司もいなかったのだろうか。

ガバナンスの姿勢

Ｓ信用金庫では、既述のとおり不祥事が相次いだ。これは経営陣によるガバナンス、特にどの程度コンプライアンスが機能しているのか、どうしなければならないのかというコンプライアンスへの姿勢が欠如してきたことの表れである。

銀行などの上場企業の場合は、株主や社債権者などの監視も厳しく、外部によるガバナンスチェックというのも意外と機能する。ネットによる情報も侮れないし、訴訟も簡単に起こされる。しかし地域金融機関の場合、マスコミ報道されるのも一時期だけで人の噂も八十日、が現実であり、経営者は「嵐が過ぎ去るのを待てばいい」という姿勢になりがちである。外部の格付機関もコンプライアンスに関しては影響が殆どない。

例えば、S信用金庫の場合、このような不祥事が連続しているにもかかわらず、平成十九年十二月のフィッチによる信金財務力格付は「★★★」であり、「★★」から引上げられている。「★★★」は最上級だ。平成二十年五月のJCR（日本格付研究所）による長期優先債務の格付は「A」であり、見通しは安定的とされている。資本や財務安定性への影響は軽微とされると、コンプライアンス態勢の不備は格付にはほとんど影響がないのである。

したがって、地域金融機関の場合はいっそうの自浄作用、自己規律が求められる。地域の監視があるといっても、地域金融機関と地域は運命共同体になっていて、利害は一致しがちだ。地域金融機関の経営者には、自由度が高く注目度が低い故に、より高い倫理観と行動力が求められるのである。

第11話

退職行員による偽造キャッシュカード現金引出事件

―相互銀行　歴史に残る情報ネットワーク裁判―

昭和五十六年にK相互銀行で起きた退職行員による偽造キャッシュカード現金引出し事件は、コンピュータシステムとネットワークを悪用した事件として、金融界に衝撃を与えた。

事件ドキュメント

犯罪の実行

石田公二は冷静だった。

「五月にK相互銀行を退職して以来、この日のために準備を行ってきた。大丈夫だ」

自分に言い聞かせて、偽造したばかりのキャッシュカードをF相互銀行梅田支店のCD機に差し込んだ。昭和五十六年十月九日、雨空の日のことである。金曜日で時刻は正午を回った十二時三十八分、店頭は来店客で混んでいて自分に関心を示す行員も客もいないようだ。

CD機はキャッシュカードを受付けた。暗証番号と支払金額をテンキーで入力する。当時のF相互銀行の一回の支払い可能金額の上限は三十万円未満だったので、二十九万九千円を引出した。続けて二十九万千円、二十九万九千円と引出す。自分の偽造したキャッシュカードは完璧だった。とは言え同じ客が続けてCD機から引出しをしていると目立つし、怪しまれる。

石田公二はH相互銀行梅田支店へ移動した。そこでもCD機を操作したが「ザンダカブソク」の表示とともにキャッシュカードが返却された。石田公二は一瞬青ざめたが、キャッシュカードに問題があるわけではなさそうである。

再度キャッシュカードをCD機に挿入し、預金残高を確認した。思いのほか預金残高が少ない。仕方なく五万千円を引出し、同行を後にした。

その後十三時五十五分にN相互銀行大阪支店で四十万円と二十七万四千円を引出し、ひとまずエンボッサー（カードなどに刻印するための機械）を買った業者に引返した。機械購入代金八十万円を支払うためである。その後はタクシーをチャーターし、時間を惜しんでタクシーの後部座席でエンボッサーにより刻印を行い、偽造キャッシュカードを作った。

十四時四十三分にはG相互銀行大阪支店で十万円、八分後の十四時五十一分にはE相互銀行大阪支店で五十万円を二回、十五時を回った一分からF相互銀行難波支店で二十九万九千円を二回と二十九万千円を二回、十五時五分には石田公二の出身であるK相互銀行難波支店で三十万円を五回引出した。

Ｋ相互銀行のＣＤ機は使い慣れて操作も安心だった。石田公二は梅田から難波方面へ移動していたが、大阪の土地は熟知していて、しかもタクシーの移動で時間に無駄はない。タクシーの運転手からすれば、後部座席で機械をカチカチと打っては銀行に行き、ボストンバックを膨らましてまた次の相互銀行を指示する、怪しい客に映ったことだろう。

七分後の十五時十二分にＵ相互銀行難波支店では二十九万九千円を引出し、十五時十七分にはＷ相互銀行で二十万円を二回、十五時二十八分にはＵ相互銀行本店営業部で二十九万九千円を三回、二十九万千円を三回、十五時五十二分にはＨ相互銀行大阪支店で二十九万九千円を四回、十六時を回った四分からＤ相互銀行大阪支店で五十万円を三回、十六時二十六分からＩ相互銀行梅田支店で十万円を四回、十六時三十分からＯ相互銀行梅田支店で十万円を四回引出した。

当時の銀行は三時までの窓口営業（Ｏ銀行は例外的に五時まで営業）五時までのＣＤ機稼動が一般的で、キャッシュカードの偽造と引出しで緊張の連続だった初日はこれで終了した。この日引出した総額は千百三十三万九千円だった。

次の犯行は十二日（月曜日）に実行された。この日は晴れて移動も楽で、大阪の中心部の相互銀行を回った。当時は相互銀行同士だけでのオンライン提携だったため、都市銀行や地方銀行のＣＤ機は使えなかったのである。

まず九時ちょうどからU相互銀行難波支店で二十九万千円を七回、九時十分からK相互銀行難波支店で二十九万千円を六回、九時十六分からF相互銀行難波支店で二十九万千円を六回、九時二十七分からW相互銀行大阪支店で二十万円を四回、九時三十七分からU相互銀行本店営業部で二十九万千円を三回、九時四十二分からH相互銀行大阪支店で二十九万千円を四回、九時四十六分からB相互銀行大阪支店で三十万円を五回、九時五十七分からE相互銀行大阪支店で五十万円を二回引出した。九時の開店から一時間の間に千八十六万六千円を引出した。

二日間の引出合計は二千二百二十万五千円の荒稼ぎだった。

激動の時代

昭和五十六年は激動の時代だった。

神戸で三月から九月までポートアイランド博覧会が開かれ、十月には福井謙一京都大学工学部教授がノーベル化学賞を受賞するという明るい話題もあったが、一月に東北豪雪被害、四月に敦賀原子力発電所での高度放射能漏れ、六月には深川通り魔事件、日本人留学生によるパリ人肉事件、十月に北炭夕張新炭鉱ガス突出事故で九十三人が死亡、十一月にはロッキード事件で小佐野被告に実刑判決、三浦和義ロス発砲事件が起きるという、明暗のある年でもあった。

経済面では不景気な時期で、昭和五十七年三月に大学を卒業する学生の採用が絞られた年だった。ルビーの指輪がレコード大賞を取り、インディ・ジョーンズシリーズの第一作が公開された年でもある。

金融界では、二月に株投機集団「誠備グループ」の加藤代表が脱税容疑で逮捕され、本書第一話で紹介したS銀行女子行員によるオンライン詐欺事件が起きたのもこの年である。S銀行事件に比較して、このK相互銀行の事件はあまり人々の記憶に残っていないのは犯人が地味だったからだろうか。またこの頃は、銀行のオンラインシステムが行き渡り、CD機の設置が一般的になった時期でもある。

また、当時は多くの相互銀行が存在していた時代でもあった。上述したようにその後破綻したり、再編されていった相互銀行も多い。その主な原因はオーナー経営者による放漫経営とバブル崩壊による不良債権の処理負担だった。特に関西地区では多くの相互銀行が姿を消していて、現在純粋に独立して残っているのは二行しかない。

周到な準備

このようなコンピュータネットワークの黎明期にあって、石田公二の用意は周到だった。

昭和五十一年四月から退職時までの約五年間K相互銀行のオンラインセンターのデータ処理部門に所属していて、オペレータとしてキャッシュカードの発行等を行っていたため、偽造のための実務上の知識は十分だった。

石田公二は昭和五十六年五月十九日に同行を退職する前に、犯行のための準備を完璧に行っていた。まず偽造する口座をピックアップする。職務上扱っていたキャッシュカード発行依頼書の中で、預金残高が多い口座の口座番号や氏名、暗証番号などを記録したのである。

偽造には印磁をする必要性があることから、エンコーダを操作するための合鍵も作製した。そして石田公二自身が持っているキャッシュカードに印磁を行った。このキャッシュカードは犯行直前の十月七日、表面の凸版状の刻印を削り、九日にきれいに刻印することによって偽造のキャッシュカードとして完成することとなる。

なお、印磁の必要事項とは、銀行番号、支店番号、科目、口座番号、暗証番号、管理コードなどである。このうち管理コードは銀行内部で保有するパスワードであり、銀行内部の役席にしか分からない最重要なデータだ。しかし石田公二はこれら必要事項のエンコードに成功した。

当時のK相互銀行では、エンコードするための印磁機であるエンコーダに管理コードが始めから登録されていたためであり、合鍵で機械の操作さえすれば事足りたからである。この段階で、石田公二はカード面に凸版文字で刻字さえすれば偽造キャッシュカードが完成するというところまで作り上げた。

K相互銀行を退職後は、東京・池袋のパチンコ店に住み込みで働いた。生活費を稼ぐ目的以外に犯行後の国外逃亡のための準備でもあった。このような犯罪では発覚が時間の問題であることを石田公二は知っていたため、犯行後は国外逃亡することに決めていたのだ。

パチンコ店では同僚の健康保険証を盗み出し、十月始めにパチンコ店を退職後、その同僚になりすましてマンションを借り、住民となった。その後、同僚名で計画通りパスポートの取得も成功した。

後はカード表面に刻印する機械の入手だけだった。簡単に入手出来るものではなかったが、ドイツ製品の日本代理店で購入出来ることを知り、これも可能となった。八十万円という高額の機械だったが、これがないと何も出来ない。試し打ちということで刻字し、すぐにホヤホヤの偽造キャッシュカードで金を引出して日本代理店代金を支払って刻印機を手に入れればいいな、と石田公二は考え、その通り実行した。

初日の成功で、石田公二はバージンカード（未使用カード）さえあればもっと稼げると考えた。

通常バージンカードは印刷会社で製造された後に総務部が管理する倉庫に入れられ、必要に応じてキャッシュカードを発行するオンラインセンターへ授受される。総務部の管理は厳しいが、オンラインセンターの管理が甘いことを石田公二は思い出した。

そこで十二日（月曜日）の夜明け前、守衛がルーズで出入りが自由だった堂島にあるビル七階の銀行のオンラインセンターに忍び込んだ。同ビルは関西の高層ビルの草分けで二十七階建てを誇っていたが、警備は甘かったのだ。

バージンカード二百五十枚入りの箱を盗み出し、大胆にもその場で退職前に作製した合鍵を使ってバージンカードの磁気ストライプに必要事項をエンコードし、行員が出勤してくる時間前に抜け出した。後は手元の刻印機で打ち込むだけだった。

発覚と逮捕

以上のように石田公二の犯行は完璧なものだったが、予想通り発覚も早かった。金曜日の十月九日に偽造キャッシュカードによって引出された口座の持ち主が、火曜日の十三日には「口座の残高がおかしい」と取引店に申出たためである。

K相互銀行としては想定していない事態であったが、申出人の主張が正しいことが証明された。加えて一つの口座における異常な入出金が確認されて、一方でバージンカードの紛失も見つかり早い時期に銀行内部の人間による犯行であることが推定された。これらを踏まえて、同一週内の十月十七日（土曜日）に取締役総務部長と事務管理部長らによって大阪府警捜査二課への届出がされ、同日午後には捜査本部が設けられた。

K相互銀行内では、業務内容などから退職行員である石田公二が犯人であると推測され、警察も偽造キャッシュカードを行使した銀行の支店を回る中で石田公二であることが確認された（石田公二はCD機から現金がうまく出金されない際に行員にクレームをしていたため、「顔が割れていた」）。そして最後はタクシー運転手やエンポッサー販売代理店社員の証言によって石田公二の犯行であることが明確となった。

その結果、十月二十三日（金曜日）に逮捕状が請求されたが、石田公二は直前の十月二十二日（木曜日）、他人名義のパスポートでキャセイ航空に乗って香港へ脱出してしまった。

しかし石田公二の高飛びは約一カ月の短命に終わった。国際手配がされ、十一月二十七日に潜伏していた台湾の台北市で身柄を確保された。台湾では国家総動員法違反で検挙され、有罪判決を受けた後、日本に強制送還されたのである。

逮捕後、石田公二は有印私文書偽造、同行使、公正証書原本不実記載、同行使、窃盗、旅券法違反、出入国管理令違反、外国為替および外国貿易管理令各違反で起訴された。この中で、キャッシュカードの磁気ストライプ部分が有印私文書偽造に該当するかが大きな争点となった。

従来、刑法での文書とは目で見えることが前提となっていて、磁気ストライプは文書ではなく、外見上何も偽造された変化が見えなかったためである。

判決は昭和五十七年九月九日、大阪地裁刑事十五部で懲役四年六カ月が言い渡された。ここでは弁護側の主張が退けられてキャッシュカード磁気ストライプ部分に文書性が認められ、情報ネットワーク裁判上歴史に残る裁判となった。機械を使えば内容を見ることが出来るという、現実に即した明確な判断だった。

判決では、石田公二に対して「職務上の知識を生かした計画的かつ大胆な犯行であり、経済活動に大きな危機感を与えた」と厳しい言葉が述べられた。

管理の落とし穴

人事管理・事務管理

このような不祥事が発生した場合、再発防止策として「行員の人事管理の徹底」「コンプライアンスの徹底」という言葉が叫ばれる。この不祥事の場合は、どのような問題点があったのだろうか。

まず、事務管理のレベルが低いという問題である。バージンカードやエンコーダなど重要な物品や機材があるにもかかわらず甘いガードのオンラインセンター防犯体制、キャッシュカード発行において最も重要な管理コードの管理がずさんで機械に触れれば誰でも入磁出来た体制、石田公二の計画的犯行を許したデータや鍵の管理などは、ルール通り管理していれば水際で防ぐことが出来たはずである。規程やマニュアルなどを定めても、それを運用しなければ何の意味もない。働く行員の善意に依存するしかなく、結局このような事態を招いてしまうのだ。

また、人事管理上の観点からの甘さも見える。石田公二の退職は単純な定年退職ではなく、多額のローンやルーズな生活による退職であったという。そのような「いわゆる問題行員」については、「退職してくれてほっとした」という以前に、在籍中に問題を起こさないか最後まで目を光らす必要があった。それを顧客情報が集積する事務オペレータセンターに配属していたことは、人事配置上の問題点があったと言える。

しかしこの面は、悩ましい点が多い。「いわゆる問題行員」は、営業店に配属することは危険すぎ、さりとて本部の中枢に置くことも出来ない。そこでこのようなバックオフィスに配属することが多いが、銀行業務は情報の集積といっても過言ではなく、どこの部署でもこの不祥事のように人事配置リスクが伴うのだ。

しかも残念ながら「いわゆる問題行員」はどこの組織にも存在してしまう。この事件が起きたK相互銀行はK銀行を経てその後O銀行と合併するが、K銀行の場合、優秀な人材は営業現場に配属して出世していくのに対して、O銀行の場合は優秀な人材は本部に集められており、合併する二行の人事コンセンサスの差が明確であったと言う。営業重視と経営管理重視の差とも言えようが、人事リスク管理上はどちらが正しいとも断定出来ない。身近な上司が目を光らせ、事務を厳格に行うしか防ぎようがないのである。

「なりすまし」への対応

この事件は偽造キャッシュカードの製造と行使であるが、一種の「なりすましによる犯罪」でもある。現代で考えれば、インターネットバンキングにおけるＩＤやパスワードの管理、変更の示唆、使い捨て暗証番号の普及、乱数表や「合い言葉」による本人確認の補完、ＡＴＭではＩＣカードや生体認証の普及などの対策が考えられよう。既に発行されている全てのキャッシュカードをＩＣ化することは今後の重要な検討課題である。ＩＣキャッシュカードを有料化している銀行もあるが、消費者保護を考えれば全件切り替え、維持費無料化が時代の要請だろう。

そして、出金や振込手続があった際にメールで預金者に連絡するシステムも活用範囲が広がるだろう。もちろんこのような偽造キャッシュカード発行事件などは絶対に起きてはならないし、ＡＴＭ周辺を整備してスキミング被害が出ないよう留意することも必須である。防犯カメラの設置やメンテナンスは当然のことである。

またこの事件では、二日間に約二千二百万円が引出されたが、完全に無防備であったことを考えれば被害は小さかったとも言える。その理由は、当時のＣＤ機がＡＴＭ（資金還流型）ではないので多くの現金を出金することが難しい構造になっており、またリスク管理上も「一回三十万円未満」という比較的小口な上限が定められていたためである。銀行によって差はあるが、一日百万円未満、二百万円未満といった限度もあったと思われる。

石田公二が、振込ではなく現金出金にこだわったことも幸いであった。現代でも、いわゆるオレオレ詐欺対策等で引出上限の設定が一般的になってきている。シンプルだが、上限設定、現金出金の小口化、本人確認の整備などは実際に効果のある対策だろう。

このような内部犯人による不祥事における被害者は銀行のような気がするが、実は預金者等の取引先である。銀行に対する信認や安心感は著しく低下するものだ。命の次に大事なものを預かっている自覚をもって、本部・支店共に業務にあたることが望まれる。

第12話

理事が犯した巨額詐欺・横領事件

―信用金庫常務理事　長期間詐欺・横領事件―

平成十九年にS信用金庫で発覚した詐欺・横領事件は、約二十年に亘った巨額事件であるばかりでなく、理事による事件として、ガバナンス体制の構築が要求される金融界に衝撃を与えるものだった。

事件ドキュメント

昇進

「とうとう、自分のような者が支店長になってしまった…」

平成十四年四月四日、S信用金庫・本店営業部副部長だった玉田高志（当時五十四歳）の心中は複雑だった。同日の異動で、美濃支店長への昇進が発令されたのだ。この日、S信用金庫では二十九人という大きな異動があったが、そのほとんどは検査部から監査部への名称変更に伴うもので、新任支店長としての昇格は玉田高志一人だった。

S信用金庫は岐阜県中部に本店を置く信用金庫で、元々は明治四十一年に有限責任S信用購買組合として設立された歴史ある金融機関である。その後S信用組合を経て、戦後の昭和二十七年に信用金庫への転換を果たし、再編や合併もなく現在まで存続している。店舗数は十二店舗と大きなものではないが、岐阜県内に展開をしていて、地元ではファンも多い。美濃支店は、国道一五六号線に沿った立地にある、平成四年十月に開設された、S信用金庫の中では最も新しい店舗である。

玉田高志自身は、昭和四十二年にS高校を卒業し、同年に入庫した。当時、商業高校を卒業して信用金庫に入庫するというのは珍しくない進路だった。岐阜県出身で地元の商業高校を卒業して信用金庫に入庫し、五十四歳で支店長に昇進するという、派手ではないが「人生の安定航行」を絵に描いたようなキャリアである。

しかし、玉田高志の昇進は支店長に留まらなかった。美濃支店での実績が評価され、二年後の平成十六年六月には一般企業の取締役(執行役員)に相当する理事に昇進したのだ。理事長・専務理事・常務理事に次ぐ常勤理事三人の一人として、約二百人の職員の上に立った。委嘱は実務経験を評価されて事務部長だった。その後も昇進は続き、平成十八年には理事長・常務理事に続く、五人の常勤理事の筆頭常勤理事にまでなった。数年後には常務理事の椅子も視野に入るポジションである。

本来なら、このような「トントン拍子」の昇進は心の底から嬉しいものだ。しかし玉田高志には心に闇があった。いつかは必ず発覚する、しかし操作を止めることは即時破滅を意味する不正の連鎖を抱えていたためである。地位が上がることによる収入の増加でカバーできるような不正の金額ではなかった。しかも常勤理事になることは現場から離れることになり、不正の発覚の可能性が高まる。「昇進なんていらない、今のままがいいのに…」これが玉田高志の本音だった。しかも担当は事務部長だ。「営業ならともかく、事務管理面のトップになるとは」。玉田高志は人生の皮肉を痛感するのだった。

回想

玉田高志は、不正に手を染めたきっかけからの日々を想い出していた。
「あれは昭和五十八年頃のことだった。金庫の中では中堅と呼ばれる立場になって、ちょっと息抜きがしたくて競馬に興味を持った。馬券のことを勝馬投票券と言うことすら知らなかった頃だ、確か三百円だったか、適当に買った枠番連勝馬券が大当たりしたのが始まりだった。

あの頃はミスターシービーが牡馬クラシック三冠馬になり、翌年にはシンボリルドルフが無敗で牡馬のクラシック三冠馬になったりして、競馬に夢中になった。初めて当たった馬券は当時としては大穴だったが、三連単が当時あったらすごい配当になっていただろう。しかしその後はあまり大きな当たりはなく、損失と欲求不満がたまっていった。損を取返すためにちょっとした借金などもしていた時に、顧客の金に手をつけたのだった。昭和六十二年のことだ。

当時は今とは比べものにならないくらい事務がルーズな時代で、仮名預金などもザラにあったのである。手をつけた預金も顧客から管理を任されていた口座で、確か二十万円を勝手に引出したはずだ。といっても確実に馬券で当てて返すつもりだった。二十万円あれば、確実なはずだった。でも結局馬券は当たらず、取返すための資金や穴埋めをするために、顧客の預金を着服することの繰り返しになった。

昭和六十三年からはオグリキャップに注目した。なにせ地元岐阜県笠松競馬場の出身馬だ。地方競馬の馬が中央競馬で活躍するというのは、信金が都銀に勝っているようで快感だった。

でも馬券の収支はマイナスの連続だった。結局、六千六百万円くらい着服しただろう。といっても仮名口座や、管理のルーズな定期預金だ。満期になるまでは発覚しないし、満期に元利金を揃えて返せばいい、これを繰り返しているうちに、どこかで馬券が大当たりするだろう、こういう気持ちだった。」

「しかしだんだん金庫での事務管理が厳しくなってきた。特にマル優の悪用やマネーロンダリング防止のための本人確認が厳しくなってきて、自分が管理している口座だけではどうにもならなくなってきた。そのうち仮名預金の満期もやってきて、元利金を埋めなければばならない。そこで思いついたのが、架空の投資話だった。平成六年頃のことだ。当時は低金利時代で、金利に対する顧客の不満は大きかった。特に地元の資産家ほどその傾向は強かった。

一方で、投資話と言っても全くの嘘ではなかった。あのころは競馬も『投資競馬』というマネー・マネジメントが研究され出した時代で、競馬運用という投資を行って、その運用益で返済しようと考えたのだ。またワープロからパソコンへ普及が移っていった時代で、投資の預り証は、パソコンで作ればいいと考えた。とは言え信用金庫が『競馬投資』を行うことはあり得ないので、『利回りのいい債券投資』という名目にして、預り証も作成してみた。

意外なことに、何人かの顧客がお金を預けてくれた。低金利への不満と、信用金庫への信頼感はこんなにもすごいんだ、と思った。後は、自転車操業だった。高い利回りの債券がうたい文句だから配当はきちんとしなくてはならないし、解約希望の顧客には応じなければならない。競馬に投資もしなくてはならないし、家族への見栄もある。結局自宅の改修費や子供の留学費用などにも、いくらかは流用した。自宅はS市から電車で二時間くらいの遠いところにあるので、ちょっと派手になった生活振りが信金にばれないのも好都合だった。

なんだかんだで私生活は金繰りで汲々としていたのだが、信金での人事評価は高かった。平成十四年には、美濃支店の支店長になった。嬉しいことだったが、営業担当ではないので、顧客との接点がなくなることが実は一番怖かった。しかし支店長という立場は、大口顧客とも接点があるし、信頼も高い。逆に投資話で資金繰りを回すには、悪い地位ではなかった。

しかし、平成十六年に常勤理事になったのには参った。しかも事務部長だ。着服を繰返しながら、一方でコンプライアンス強化を行うのだ。しかも顧客との接点がなくなってしまうのが一番困った。幸いなことに、今のところ発覚は一切ない。今後も顧客とはコミュニケーションをとって、配当をきちんとしながら様子を見ることにした。

この頃になると、着服総額は恐ろしい額になっていた。そのうち穴埋めに使った資金も相当あるが、それでも給料や馬券の当たりで返すことが出来るような額ではなくなっていた。結局どうなるのか、自分でも見当がつかなくなってきた」

発覚と逮捕・起訴

玉田高志の不正は、顧客からの照会で発覚した。平成十八年十二月、S信用金庫の営業担当者が顧客を訪問した際に、顧客が「利回りの良い債券への投資を、理事から勧められたので、投資しているよ」と言って預り証を見せたのだ。営業担当者は全く知らない商品だったが、理事が勧めた商品ということなので、その場で「こんな商品知らない」とも言えない。

支店に帰り、上司に報告して、信用金庫内で内部調査が始まった。その結果、玉田高志の告白もあって多額の不正が発覚した。その額は、勝手に引出した額が三人で六千六百万円、架空の投資話による着服が二十五人で七億二千九百万円、総額七億九千五百万円、穴埋めなどで返済した後の額が五億二千六百万という巨額のものだった（逮捕・調査でさらに多額なものであることが判明）。

玉田高志はその後平成十九年七月に岐阜県警捜査二課と関署によって逮捕され、同年九月には初公判が行われた。

検察側は、冒頭陳述で「被告人は顧客やS信用金庫から合計九億二千百八十万円を詐取し、穴埋め分を除いても五億二千三百万円の被害が生じている」と述べた。検察側は結局、このうちの約二億円について立件を行った。

判決

玉田高志に対する判決公判は、平成二十年二月に岐阜地方裁判所で行われた。罪は詐欺と業務上横領で、平成十四年七月から平成十八年十二月までの間、架空の投資話を持ちかけ、顧客七人から預かった普通預金通帳などを利用し、払戻しの依頼を受けたかのように装って、信用金庫から現金計約二億円を騙し取ったことに対してだった。

判決は懲役五年六カ月（求刑懲役七年）の実刑判決となった。田邊三保子裁判官は判決理由で、「財産を処分して信金に約五千五百万円を弁償している」としながらも「顧客や職員らの信頼を悪用し、投資名目に現金等を搾取した上、発覚を防ぐために配当金を渡すなど巧妙かつ悪質」と述べた。また「信金は実質的な損害の肩代わりを余儀なくされた上、重要な職責を任せるほど信頼していた被告から、業務に対する信用自体を失墜させられた」とし、「顧客や職員に対する責任は重大」とした。

信用金庫の対応

この不祥事に対して、S信用金庫の対応は「隠さない」ことだった。平成十九年一月十二日には、ホームページ上で、理事長名で「お詫び」を掲載し、同年五月二十五日に東海財務局長から業務改善命令が発出された際には、当日に理事長名で「内部管理態勢の充実・強化に関する業務改善命令について」を示した。

さらに一カ月後の六月二十五日には、やはり理事長名で「業務改善命令に対する業務改善計画の提出について」を掲載し、取引先などのステークホルダーへの報告に努めた。これらの告知は、消されることなく現在でもホームページで閲覧出来る。

さらに平成十九年のディスクロージャーにおいても、冒頭で理事長からこの件に触れてお詫びが示され、「当金庫の考え方」においても業務改善計画への取組みにおいてこの不祥事に触れている。特にディスクロージャーへの記載は、将来に残る正式書類への記載であり、S信用金庫の問題意識の大きさと、コンプライアンス強化への前向きな姿勢が窺われる。とは言え、二十年弱も行われていた不正が発覚しなかった点、しかも理事という経営陣による犯罪であったことを考えれば、コンプライアンス以上に金融機関のガバナンス態勢の構築という面でも「重い」事件だった。

なお、平成二十年のディスクロージャーにおいても、平成十九年度の事業方針や事業の概況において、この不祥事に対する取組みが表現されている。

経営への影響

この不祥事は実刑判決と業務改善命令が下されたが、信用金庫の経営上はガバナンス問題と同様に業績のダメージも大きいものとなった。S信用金庫の自己資本比率は十一％程度あって、比率面では経営が揺るぐものではない。とは言え規模を見ると、五億円という不祥事の代償は大きいものだ。

平成十九年のディスクロージャー（平成十八年度業績）によると、同信用金庫の預積金残高は千八百七十六億円、貸出金は千八十一億円であり、融資以外は有価証券が五百四十一億円、預け金が二百七十三億円となっていて、低い預貸率、高い預証率は地元での資金需要の弱さを表している。

総資産額は二千十億円、純資産額は百十五億円（繰延税金資産十億円）である。平成十九年の業績面では、経常収益が四十一億九千三百万円（前期比五千二百万円増）、経常費用が三十七億九千九百万円（前期比二億三千五百万円増）、経常利益が三億九千三百万円（前期比一億八千三百万円減）、当期純利益が六千九百万円（前期比三億三百万円減）であり、規模対比での不祥事の影響の大きさが窺われる。

玉田高志の不祥事関係では、貸借対照表では被害者への信用金庫からの補償未払額が三億七千百万円、繰延税金資産の中に「不祥事件被害者補償金金庫負担分」が一億三百万円計上され、損益計算書では特別損失として三億三千三百万円が計上されている。法人税等調整額がなければ六千八百万円の赤字であった。もし特別損失がなければ税引前当期利益は四億千九百万円、当期純利益は約二億円という決算だったのだろう。

ちなみに総資金利鞘〇・四〇%、業務粗利率一・八〇%、総資産当期純利益率〇・〇三%であり、不祥事がなければ総資産当期純利益率は一%内外を確保出来た計算になる。経常費用の増加分のうち預金利息の増加が一億千二百万円、貸倒引当金繰入額の増加が二億四千二百万円であることから、資金調達市場と信用リスクの両面で経営環境は厳しくなってきている。

金融庁では、地域金融機関のあり方について議論も行われている。このような時期に、理事によって起こされた痛恨の不祥事であった。

なお、直近に開示された十九年度業績は、経常利益は二億三千百万円と減益となっている。自己資本比率は十三%台に向上したが厳しい経営環境が続いている。不祥事コストを十八年度に処理したことは正解だったが、業務粗利益率一・六七%、純資産経常利益率〇・一一%、純資産当期純利益率〇・〇七%は厳しい現実といえる。

管理の落とし穴

「理事」の犯罪の衝撃

この事件では、管理上の落とし穴はシンプルなものだ。玉田高志の業務成績が優秀だったため、人間性まで盲信してしまった点に尽きる。ただし「競馬」好きについては、これが直接不正に結びつくものではない。多くの「競馬愛好家」は健全である。二十五％の控除率と競馬が「独立事象」であることを理解していれば、これだけの大きな損失を生むことは通常あり得ないのだ。

それよりも、このような「現在不正進行中」の職員を、あろうことに支店長、常務理事にまで昇格させたS信用金庫の経営人事管理の甘さの衝撃が計り知れない。その点で、監事会（法人における監査役会）、特に常務理事（常勤監査役）の責務は重いと言える。監査役がお飾り、上がりのポストで済む時代は既に終っている。

金融機関による「補償」とリスク管理

一方で、行員や職員がこのような不正を行った場合、銀行や金庫はどこまで補償すべきかという問題がある。このS信用金庫の例では、玉田高志は最終的に理事という経営陣であり、かつ金庫としての管理責任も大きいことから信用金庫がきちんと補償を行ったのだろう。しかし、顧客サイドに重過失や故意（うすうす知っていたが、利回りが高く最後は金庫が補償するだろうと考えた）などはなかったのだろうか。

そもそも、行員や職員が時間外に行ったこのような犯罪の場合、その勤務する銀行や金庫はどこまで補償すべきなのだろうか。あるいは他の実在する金融機関を名乗った場合はどうなのだろうか。

一方で消費者庁の設立など消費者保護の動きは加速していて、完全に管理責任がない状態でない限り（そのようなことは通常あり得ない）、銀行や金庫は完全には免責されないだろう。場合によっては取締役の善管注意義務違反もあり得る（この不祥事では理事そのものだったが）。

S信用金庫の場合は、ホームページやディスクロージャーへの開示も妥当なもので、金額も吸収可能な範囲でしかも平成十九年三月期で処理が終了し、今後はいかにコンプライアンス態勢を改善していくか、再発防止策はどうなのかという点に焦点が移っている。その点では問題解決の先送りにはなっていないが、高いレベルでの不正防止には大きなコストを要する。総資産二千億円、経常利益二～五億円という薄い利鞘で事業を行っている金融機関にとって、これは大きな負担となる。

不祥事はリーガル面での問題点が強調されるが、金融機関の業績にも打撃が大きく、しかもこれを「あいまい」にしたがる風潮がある。リスクも実際の損失も正しく計量化し、経営判断や取引先に供することが金融機関の姿勢として要求されるのだ。

第13話

内部牽制機能の不備が招いた支店長の不祥事件

―地方銀行支店長　電車内破廉恥盗撮事件―

平成十九年に起きたT銀行五反田支店長による盗撮事件は、支店長による破廉恥な事件として、銀行の人事管理態勢が問われるものだった。

事件ドキュメント

お詫び

「これで二カ月連続の不祥事だ。しかも間に専務が代表取締役副頭取になるお知らせが入っているなんて。新聞にも出たし、また取引先に相当イヤミを言われるな」

T銀行の行員は、自行ホームページのニュースリリース欄を見て、暗澹たる気分になった。

一つ目のニュースリリースは、平成十九年五月一日に出された「元当行行員の逮捕について」であり、行員による着服事件に関するものである。その最後には「当行は、今回の不祥事件の発生を厳粛に受け止め、営業店における内部牽制機能の充実・強化を図るなど、不祥事件の再発防止策を実施しております。今後につきましても、引続き内部管理態勢の一層の充実・強化に全力で取組んでまいります」としているが、約一カ月後の六月七日には「当行員の逮捕について」として、三行ほどのお詫びが発表された。

事件内容はリリースされていないが、営業店の長である支店長による盗撮事件があったことが報道されており、この事件を指すことは明らかである。「営業店における内部牽制機能の充実・強化を図る」はずの現場の長がこのような事件を起こしたことで、一カ月前のアナウンスが全く空しいものになってしまった。

着服事件

平成十九年五月一日にリリースされた着服事件は、同日、T銀行の元営業課長である木村光良が業務上横領容疑で警視庁捜査二課に逮捕されたというものである。そもそもの事件は、木村光良が春日町支店の営業課長などを務めていた平成十四年三月から平成十七年一月に遡る。

「社長、積立定期預金で毎月積立てて頂いていた預金が満期になりました。是非、定期預金に振替えさせて下さい」

「そうだな、T銀行さんにはお世話になっているし、木村さんの言うとおりにするよ。でも、景気が良いのか悪いのかよく分からないのが実感だ。場合によっては使わせてもらうかもしれないよ」

「もちろんです。では、払出用紙に捺印をお願いします。あと通帳もお預かりします」

「わかった」

木村光良はこう言って積立定期預金の通帳と払出用紙を預かったが、なぜか定期預金作成のための預入伝票には言及しなかった。もともと定期預金を作成する気などなかったからである。顧客の側には木村光良が残した預り証がある。「これがあればいいんだな」、単なる通帳と払出用紙の預り証に過ぎないのだが、銀行が発行しているというだけで、顧客はそれが預金証書と同価値であるように錯覚してしまう。顧客との話題は四月に営業開始をして初日からATMトラブルで混乱することになるメガバンクの話に移っていった。

平成十四年と言えば一月にU銀行が誕生し、M銀行が四月にスタートするという、不良債権処理の出口がちょっと見えてきた、そういう時代である。とは言え中小企業・零細企業にとって、貸し渋り・貸し剥がしの記憶が生々しい頃だ。政府が「貸し渋り・貸し剥がしホットライン」を設置したのも同年の十月のことである。中小企業にとって、銀行との関係は良好でありたい、銀行担当者のお願いなら可能なものは応じておこう、そう思っても仕方のない時期だった。

木村光良はこの単純な手口で、実際には定期預金を作成せずに約一千万円を着服した。それ以外にも遡る平成十三年十一月から平成十七年一月にかけて、法人四社、個人四人の預金を約二十回にわたり、総額約五千万円を横領していた。

その手口はずさんなものだったが、木村光良がうまく立ち回ったことと異動がなかったことから、平成十七年四月まで発覚しなかった。結局は預金残高の合わないことに気付いた法人顧客が銀行に照会して横領が発覚した。

横領した金の使い道は知人への貸付と競馬などのギャンブルだったという。春日町支店は、文京区役所（シビックホール）の裏手にあって東京ドームとも近く、ＪＲＡの場外馬券場（ＷＩＮＳ後楽園）や東京シティ競馬の場外馬券場（Ｏｆｆｔ後楽園）は徒歩圏にある。ＷＩＮＳ後楽園は土日開催だけだが、Ｏｆｆｔ後楽園は南関東四競馬場（大井、浦和、船橋、川崎）が開催している平日も馬券が買える。木村光良は、営業課長として外出しているときもこそっと馬券を買っていたのだろうか。そうだとすれば春日町支店は絶好の立地であったことになる。

Ｔ銀行はこの不祥事に対して、発覚後直ちに行内調査を開始した。平成十七年六月には木村光良を懲戒解雇とし、九月には刑事告訴を行っている。逮捕された時の木村光良は四十歳、都内のＮＰＯ職員になっていた。平成十九年五月一日のＴ銀行によるリリースは、この逮捕を受けて行われたものである。リリースでは、営業店の管理が不十分だったこと、営業店での内部牽制機能を充実させて再発防止を図るという、営業店での管理充実を謳っていたが、次に起きた不祥事はその営業店の長である支店長によるものだった。

盗撮事件

約一カ月後の六月七日にリリースされた事件は、T銀行五反田支店の支店長爪田篤芳が、逮捕されたというものだ。

事件は平成十九年六月一日、快晴の日の深夜に発生した。時間は日付が変わる前の午後十一時五十五分頃のことである。爪田篤芳の家は埼玉県T市にあり、帰宅途上のS電鉄下り方面の電車内に立っていた。T駅までは二十分弱、自宅には零時半までには帰りつく、そんな時間帯である。金曜日の夜で、電車内は都内から埼玉県に帰る利用者で混んでいた。

普通なら一週間の仕事が終わってほっとする時間帯である。しかし爪田篤芳の頭の中は、「帰宅してほっとする」という言葉ではなく「今」に集中していた。爪田篤芳は車内をちょっと見渡してから、近くに立っていた女性の背後の足元に手提げカバンを置いた。女性は、年のころは二十歳代半ばのOL風である。やや不自然な感じであるが異常というわけではない。

カバンが置かれたのは二分程度だろうか、H駅が近づきつつあった頃、被写体の女性がその不自然なカバンに気づいた。よくよく見るとファスナーが少し開き小さなレンズのようなものが見える。女性は自分のスカートの中が狙われていることを直感した。季節はだんだん暑くなる六月初めで、二十七歳の女性はこのような行為を許すことが出来なかった。女性はカバンを置いていた爪田篤芳を取り押さえ、途中のH駅で駅員らに引き渡した。爪田篤芳はちょっと小太りの典型的な中年だ。怒りにあふれた女性に引っ張られると抵抗のしようがなかった。

カバンの中のビデオカメラはレンズが上に向けられ、REC状態となっていた。そして駆けつけた警視庁田無署署員に東京都迷惑防止条例違反の現行犯で逮捕されたのである。爪田篤芳は容疑を否認したが、ビデオには女性の身体の一部が写っていた。業務時間外の個人的事件であるが、支店長という管理者の逮捕でもあり、T銀行は冒頭のようなお詫びを発表したのだろう。

この逮捕を受けて、T銀行ではリリース日の翌日である六月八日に、爪田篤芳を五反田支店長から本店人事部参与に人事異動させた。着服事件のように業務上のものではない個人的事件であるが、さすがに逮捕された人間を支店長として留めることは出来ない。T銀行の経営陣が、現役支店長が逮捕されるという事態にかなりのショックを受けたことは容易に推測される。しかも約一カ月前に内部管理態勢強化を示した、その舌が乾かない時期での支店長の逮捕という、間の抜けたものになってしまった。

管理の落とし穴

支店長という重責

T銀行は戦後の昭和二十六年に設立された、いわゆるアプレ（戦後）地銀である。従業員は銀行だけで約千六百名、支店は七十九店舗であるから、支店長になるのはやや狭き門と言える。概算だが、約三十四世代（二十二～五十五歳）の人員がいるとすると、一世代あたり平均は約五十名弱である（いわゆる「同期」である）。支店長の職にある世代を十二代（四十～五十二歳）とすると、対象は六百名だが本部人員等を引けば約四百～五百人、そのうちの七十九名は約五～六人に一人に該当する。静態的に見れば、同期のうち二割、十名程度という感じだろう。

盗撮容疑で逮捕された爪田篤芳は昭和五十八年入行で、逮捕当時四十七歳という年齢だった。五反田支店には平成十八年七月一日付で大泉支店長から異動している。その際の異動で、大泉支店長の後任には中野支店の副支店長兼阿佐ヶ谷支店の副支店長が支店長に昇格し、五反田支店の前支店長は融資審査部長兼経営サポート室長に昇格していることを考えれば、順調な出世コースにあったと言えるだろう。特に大泉支店という店周が商工・住宅である練馬区の地域から五反田支店という山手線の内側の支店に異動することは、それなりの高い人事評価であったと窺える。その支店長による盗撮事件は、経営陣としてもショックなものだったはずである。

現在、支店長というのは極めて重責である。営業店における内部管理態勢の責任を負い、業績も上げなくてはならない。人員は限られ、昔のような「安易なサービス残業」は労働基準監督上の問題に直結する。正社員よりもパート社員のほうが戦力化している店舗もある。

しかも一方で、法人・個人共に扱う商品は多様化し、投資信託や外貨預金などのリスク商品も当たり前になった。かつてのメガバンクのように周りに優秀な部下がいて支店長を支える時代であれば良いが、現在の支店長、特に地銀・第二地銀クラスの支店長は営業の長として取引先と交渉をせねばならない。特にT銀行のような都市型地方銀行の場合、地域において銀行の存在感を確保することは大変である。

営業現場で相手にする顧客は安定した、条件のよい、親切で便利な銀行を求めているのであり、その中での支店長の営業活動は大変である。しかもその割に収入・リスペクトはそれほどのものではない。

そのような実情の下で、支店長としての管理を行わねばならないのだ。しかも年齢的にも微妙である。銀行においてはそのまま残るのか出向などかという選択肢が近づく年齢であり、個人としても親が介護対象となる年齢に入り、一方で自分の体力の衰えを実感するメタボリック世代である。金銭的にも住宅ローンの残高があって教育費等もかかる一方で、見栄も張りたい年齢だ。昔から「お金のない四十歳代ほど悲惨なものはない」というが、まさしくその年齢にある。

さらに銀行といっても昔ほどの安定感はない。実際に都市型地銀の経営基盤は強いものではなく、T銀行の場合も不動産業向け貸出金が総貸出金に占める割合は約十四%と相対的に高く、一方リテールでは投信販売関連手数料の役務取引等収益に占める比率が約三十%と高いものになっている。この構造は現代的に見えるが、相場の低迷やマネーが詰まった場合、不動産業向け貸出しはリスクが顕在化し、一方で投資信託等は売れずに残高が減少するというカップリング構造でもある。実際に平成二十一年三月期決算では、不動産業関連で大口の不良債権が発生している。

爪田篤芳の場合も四十七歳、埼玉県T市の住宅地に、母親と妻子と共に約五十坪の一戸建てに住んでいた。

一見理想的な地方銀行員人生を歩んでいるように見えて、心の中は複雑なものを抱えていたのかもしれない。

頻発

とは言え、このような犯罪を行うことが許される理由は何もない。支店長であっても、一般行員であっても、人として、である。

約一カ月後の七月二日には、R銀行菖蒲支店マネジャーである塚本達也が、午前八時頃、走行中のバス車内で隣に座っていた女子高生のスカートの中を携帯電話のカメラで撮影した疑いで逮捕された。迷惑行為防止条例違反の現行犯で、同乗していた女子高生の友人に突き出された。月曜日の朝、出勤途上だったのだろうか？ 塚本達也も四十三歳の管理者だ。

さらに同年九月三日には、T銀行行員女屋保が、午後八時半頃に高崎市の書店で、三十一歳の女性会社員のスカート内を撮影しているところを男性店長に発見され、群馬県迷惑防止条例違反容疑で現行犯逮捕された。運動靴に直径約一センチのカメラを仕込み、女性の背後から自分の足を差し出し腰のバッグからカメラを遠隔操作して撮影していた。女屋保は三十八歳である。九月三日は月曜日だ。

同月九月九日には、M銀行員で法人向け融資を担当していた前田学が、午後一時頃、阪急電鉄の河原町行き特急電車内で、ＯＬ（二十七歳）のスカートの中をデジタルカメラで撮影していて女性に発見され、烏丸駅で女性に降ろされて京都府迷惑防止条例違反の疑いで現行犯逮捕された。日曜日の日中で、個人的趣味だったのだろう。前田学は当時四十歳である。

同年十月十二日には、Ｋ銀行の係長坂井謙三容疑者が迷惑行為等防止条例違反で現行犯逮捕された。金曜日の午後九時四十分頃、書店で立ち読みをしていた女性教師（二十七歳）のスカートの下にデジタルカメラを入れ女性の下着を撮影していて別の男性に見つかり警察に通報されたのだ。坂井謙三は当時三十六歳で、二百～三百回盗撮をしていたと言う。

銀行員による盗撮は感染するのだろうか？ 月曜か金曜、交通機関か書店、四十歳前後の銀行員、スカートの中、には一定の法則が存在するのだろうか？ 現実逃避して自分の好きなことに没頭する、そんな銀行員像なのだろうか？

それにしても世間的に真面目とされる「銀行員」が四十歳になって盗撮に励み、被写体の女性に公衆の面前で「盗撮破廉恥男」として突き出され、仕事も家族も失っていく、これはやはり異常なメンタル状態なのではないのだろうか？

管理者のメンタルと顧客の信頼

昔の「銀行支店長」といえば、地域の名士に匹敵する社会的地位があった。しかし時代が変わって現在は「営業所の所長」辺りの役回りになってしまっている。支店長になる年齢も若くなり、「重さ」もなくなってきた。中小企業の社長から見れば孫のような支店長もいて、理屈っぽいただの人程度にしか扱われないこともある。「年齢を重ねることによる重み」よりも「若さ」に価値を置く昨今の社会的風潮も、支店長の浮世の地位を押し下げる遠因になっている。一方で家庭内では、ライフサイクルにおける年齢に対して期待される部分は変わらずのしかかっている。

このような時代の人事管理は難しいもので、管理者たる支店長が不安な精神状態になっている。自分のアイデンティティが分からない、相談相手もなかなかいない、五十歳近くになって「自分探し」を引きずっているのが現状なのだ。

そこで着服事件を起こした木村光良はギャンブルという刹那的成功に、盗撮事件を起こした爪田篤芳は盗撮というスリルの成功に自分の居場所を求めた。支店長といっても、万引きやリストカットが止められない若者とメンタルは何も変わっていない。誰であっても安定したメンタルのためには「自分だけの世界が得られる場所と時間」が必要だ。爪田篤芳の場合、その世界は小さなファインダーを通して得られるビデオ画像だったのだろうか。

しかし何より、銀行に対する取引先の信頼低下は計り知れない。T銀行が主要マーケットとしているのは中小企業や個人だ。その取引先はこう感じるだろう。「俺たちは毎日必死に金を作っている。商売は戦争だ。銀行とのつきあいだって大変だし、貸し渋りなんてされたら即倒産だ。それなのにその生死を握っている銀行の支店長が盗撮なんて、まったく気楽なものだな。給料も高いし、倒産しそうになったら税金で救われる。そりゃ盗撮する余裕もあるだろうよ。盗撮する暇があったら、俺たちの話を聞いて、融資してくれ！」

第14話

真面目で優秀な若手女子行員が起こした巨額横領事件

――地方銀行女子行員　国際秘密警察員　横領事件――

昭和五十年にA銀行栃木支店で発覚した女子行員による横領事件は、「国際秘密警察員」を名乗る男に巨額を貢いだ事件として世間を騒がしたものだった。

事件ドキュメント

国際秘密警察

「俺は表面上実業家だが、実は『国際秘密警察』の捜査メンバーなんだ。これは誰にも言えない秘密なのだ」A銀行栃木支店に勤める大竹章子（当時二十一歳）が仙台に旅行に行った時に電車の中で知り合った石村こと阿部誠行から告げられた秘密は、とても魅力的に聞こえた。「国際秘密警察というのは表舞台には出ない。だが世界中を駆け回って国家のために活動しているんだ」スケールの大きな石村の言葉に、大竹章子は惹きつけられた。

昭和四十八年のことである。昭和四十八年というと、七月に日本赤軍によるドバイ日航機ハイジャック事件が起き、八月には後に韓国の大統領となる金大中氏がKCIAによって千代田区のホテルグランドパレスから拉致され、神戸からソウルに連れていかれた金大中事件が起きた年である。さいとう・たかを原作、高倉健主演の映画「ゴルゴ13」が人気を集めた年でもある。今になれば滑稽に聞こえるが、当時は「国際秘密警察」やスパイ、拉致部隊が市民に紛れて暗躍している、そう思ってもおかしくない、実際にそういうこともある時代だった。

大竹章子は進学校として有名なT県立T女子高校を卒業し、昭和四十六年四月にA銀行に入行した。大竹章子は高校時代、三年時にはテニス部のキャプテンとして活躍したという。真面目でスポーツも出来る大竹章子が地元で当時優れた就職先とされていたA銀行に入行したのも当然だった。

大竹章子が石村と出会ったのは、入行後二年が経った昭和四十八年の夏、友人と仙台に旅行中の電車の中でのことだった。当時の銀行は週休二日ではなく土曜日の午前中営業をしていて、閉店後の午後から日曜日にかけて泊りがけの旅を楽しんでいたのである。二人はその約二週間後には埼玉県の大宮で会い、九月上旬には日光でデートをする関係になっている。石村には妻子があったが、大竹章子が自分に強い興味を持っていることを知って結婚話で近づき交際を始めた。しかし石村の目的は大竹章子の「金」だった。「国際秘密警察は厳しいし、秘密の組織なのでお前とは結婚が出来ない。組織を抜ければお前と結婚出来る。俺としてはこの組織を抜けたいのだが、秘密を知っているし鉄の結束だからそうはいかないのだ。抜けるには金が必要だが、俺には金がない。絶対返すから、二人のために金を貸してくれないか」石村が金の要求を開始した。

不正の実行

石村の要求に大竹章子はなんとしても応えたかった。とは言え、銀行勤め二年半ばの大竹章子に多額の預貯金はない。困った大竹章子は、父親が娘のために預金協力してくれた二百六十万円に目をつけた。「ちょっと借りるだけ。石村さんも絶対返すって言っているし」大竹章子は父親の預金を勝手に担保にして借入手続きを行い、金を作って石村に渡した。なんと当初から最後まで、阿部誠行は本名も住所も素性を大竹章子に明かさず「石村」で通している。そんな石村に大竹章子は金を貸してしまったのだ。しかし石村の要求はこれで止まらなかった。「組織から抜けるためにはもっと金が要る」「会社の事業資金が必要だ」石村の要求に真面目な大竹章子は思い悩んだ。その結果が、銀行の資金の着服だった。

当時、大竹章子は栃木支店で貸付係を担当していた。貸付係といっても、一般事務と単純な預金担保貸付、しかも債務者の名前が「あ行～さ行」に限られた処理である。栃木支店の立地は栃木市役所や裁判所の近くで、栃木市の中心にある比較的大きな店舗だ。貸付係の上司や同僚は与信業務を担当していて、一般事務と預金担保貸付は女子行員に任せる、そういう態勢だった。大竹章子は自分が事務処理、特に預金担保貸付の一部を任されている点に注目した。大竹章子が考えた手口は簡単で、存在しない預金を担保に預金担保借入申込書、借入のための手形、現金出金伝票を作り出金するというものだ。当時はコンピュータによる設定や制御のない手書き中心の事務体系で、日常業務の中で金を作り出すことが可能だと考えたのだった。しかも銀行が預金を集めることに注力していた時代で、一方で資金需要も高かったために預金担保貸付の利用者も多かった。多くの預金担保貸付に不正分を紛れ込ませることが簡単だと思ったのである。

しかし問題は上司の承認だった。預金担保貸付を行うには預金証書と一緒に預金担保申込書や手形、伝票を上司に回付して承認印を得なければ、テラーも現金を出してくれない。特に出金には伝票が重要だった。そこで大竹章子は上司である貸付の調査役の検印を勝手に押すことを思いついた。幸い調査役は印鑑を机上に置きっぱなしにしたり、机に鍵をかけたりしていないことが多い。大竹章子の作戦は出来上がった。

後は実行するか否か、である。着服、横領、誤った事務処理、不正、多くの言葉が大竹章子の頭をよぎり、かなりの抵抗感、罪悪感があったが、最後は石村の要求に応えたい気持ちが勝った。いつものように上司が印鑑を置きっぱなしにしていた昭和四十九年一月のある日、大竹章子は白紙の預金担保申込書や白地の借入用手形、振替、出金伝票などに上司の承認印を捺し、自宅に持ち帰った。冬晴れの一日で、最低気温はマイナス五度を下回る寒い日だった。自宅では架空の担保となる定期預金明細などを書き込んで完成させ、店内が忙しい日、時間を見計らって伝票を回した。その瞬間大竹章子は心臓が張り裂けるのではないかと思ったが、数分後、案外簡単に現金が渡された。「なんだ。簡単だ」これが大竹章子の実感だった。

事務処理をしている大竹章子からすれば銀行の科目としては手形貸付が少し増えただけ、担保区分は預金だが実際は無担保、それだけのことだった。その後は石村の言いなりに、預金担保貸付と出金が「業務」になった。不正も一般業務も境がなくなるくらいに日常化したのである。期日延滞するとリストアップされるので、手形書換えも慎重に行った。

結局、昭和四十九年一月から昭和五十年七月まで、約一年半の間に六十三回、二億千百九十万円を不正に引出して石村に渡していたのである。単純平均すると一回あたり約三百四十万円であり、預金担保貸付としては目立たない金額である。

大竹章子の在職中の勤務態度は良好・真面目で、上司や同僚からの信頼も篤かったと言う。この真面目さが石村に付け入られ、信頼感が発覚を遅らしたとすれば皮肉である。

一方の石村こと阿部誠行はいい加減極まりない男だった。「国際秘密警察捜査員」は真っ赤な嘘で、実際は中央競馬の予想会社「国際ユニオン情報部センター社長」という青年実業家だった。とは言っても中身はいい加減な予想屋で、自分でも馬券を買っては失敗する、そういう男だった。石村は大学を中退しているが、まともなモラルは育まれなかったようである。水商売（クラブ）を経営し愛人もいたが、経営は赤字で常に金がなく借金を踏み倒しては繰り返す生活だった。愛人である柏崎は高校中退後水商売に入り、昭和四十八年に浅草のバーで雇われマダムをしている時に石村と知り合った。その後は銀座のクラブに移り、大竹章子が横領して石村に渡した金を元に昭和五十年四月には六本木にクラブハムスターを開き、二十五歳の若さでマダムとなったのである。しかしクラブ経営はうまくいかず、三カ月で廃業してその後は新宿区市ヶ谷のマンションに石村の金で移り住んだ。靖国通り沿いの外苑西通りの交差点が近い立地で、当時の家賃は十万円であったという。

大竹章子は不幸にもこの不真面目の連鎖に巻き込まれ、二億円以上の金が消費されたのだ。

発覚と逮捕

大竹章子の横領の発覚は、本部の検査部門による抜き打ち検査だった。不正を行った貸付の表面上の書類は整備されているが、それはあくまでも支店の事務を日々やり過ごすレベルのものである。それでも不正を行っている期間に臨店検査があった。本部定例検査や大蔵省検査は、「そろそろ検査が入る」時期が分かるので、隠蔽の準備が出来、なんとかやり過ごすことが出来た。

しかし抜き打ち検査は厳しいものだった。経験ある検査役は、次々と不審な預金担保の書類、伝票を見つけ出した。調査が進むにつれて担保として表示されている定期預金がない貸付が続々と発見されて栃木支店は大騒ぎとなった。検査部は支店長、次長、貸付役席、調査役、そして大竹章子から事情を聞き、時間を置かず大竹章子の犯行が明らかになった。

Ａ銀行は警察に届出を行い、昭和五十年七月二十日、大竹章子は栃木県警捜査二課と栃木署に詐欺、有価証券偽造など五つの罪状で逮捕されたのである。二十三歳という若い女子行員の逮捕だった。逮捕時、「私は馬鹿だった」とうなだれたという。

大竹章子の逮捕前、警察はもう一人の当事者を洗い出そうとしたが、大竹章子自体が石村の素性を知らないために「貢いだ相手は誰なのか？」の特定に時間を要してしまった。その後捜査線上に石村こと阿部誠行がピックアップされ、七月十七日に大竹章子に連絡があって、七月二十日に二人が会うこととなった駐車場で張り込みが行われた。それまでは阿部誠行を泳がすために大竹章子の逮捕を見送っていたのである。

しかし、阿部誠行は警察の張り込みを察知し逃走、栃木県警の一斉検問をレンタカーで強行突破してしまった。その後は逃亡生活である。翌日には東京のホテルで部下や愛人の柏崎と合流し、三日後の七月二十三日には横浜の桜木町駅で部下と別れて柏崎と二人の逃避行が始まった。八月上旬は金沢のモーテルを転々として、八月中旬には金沢市内の浅野川近くでアパートを借りた。しかし九月中旬、警官が近くを歩いているところを見て怖くなってアパートを飛び出し、まず九月十七日に、柏崎が逃亡資金をD銀行金沢支店で引出そうとしたところ、警察に通報され逮捕された。翌日夕方には阿部誠行が東京の五反田駅前で逮捕されたが、所持金は二百五十円しか残っていなかったという。以前の部下に連絡をして逃亡資金を依頼したが、それを通報されたのだった。阿部誠行も二十五歳という若さだった。

その後の裁判で、大竹章子には懲役三年六カ月、阿部誠行には詐欺・有価証券偽造・同行使で懲役八年が言い渡された。

管理の落とし穴

人事管理の難しさ

本件で、大竹章子の勤務態度は優秀だったという。昭和の時代に起きたこの事件以外の有名な女子行員による不正事件(昭和五十六年のS銀行茨木支店・伊藤素子(本書第一話)、昭和四十八年のG銀行山科支店・奥村彰子（本書第二話）でも、不正を行った女子行員は優秀で仕事を任されるレベルだった。逆は真にあらずで、真面目・優秀な女了行員が不正を起こす率は高いわけではないが（逆に低いだろうが）起こる可能性はゼロではなく、起こった場合には仕事を任せていた分だけ被害が大きい、と考えねばならない。とは言え優秀・ベテランの女子行員がいないと仕事がうまくいかない営業店の実情もあり、人事管理は本当に難しいといえよう。ちなみに伊藤素子には懲役二年六カ月（相手の男は懲役五年）、奥村彰子には懲役八年（同十年）という判決だった。貢がせた男の罪を重くしている裁判所の判断に違和感はない。

この事件では、逆に検印・印鑑管理がルーズだった上席者に大きな問題があったと言えるだろう。犯意があっても実行出来ない環境が重要であるし、もしそうであれば、大竹章子は石村に貢ぐための金の捻出をするために金融会社などから多額の借金を重ねる多重債務者（民事）で止まったかもしれない。そして何よりも、貸付係の上席が、自分の検印した記憶のない預金担保貸付があるぞ、と気付かない、そのほうが問題だろう。

事務管理態勢

この不祥事では、抜き打ち検査がもっと早ければ被害も少なかったのに、と悔やまれるが、検査部人員にも限界があって、本格的な検査が二年に一回、特定項目だけに注目して行う特別検査がその間に一回程度というのが一般的だろう。この不正事件は約一年半の間に行われた。不正が抜き打ち検査空白期間に該当したとすれば運がなかったということだ。間に夏季休暇もあっただろうが、預金者の預金の横領と違って（預金者が照会して発覚するようなことがないので）休暇時に発覚するタイプの不正ではない。一方で本部検査部による本検査や、営業店において毎月行われる店内検査がきちんと実施されていたかという疑念は残る。当時はそういう時代ではなかったのかもしれないが、現在であればまず店内検査で発見されねばならない安易なレベルの不正である。

また現代では、預金担保の設定オペレーション、現物や設定内容との精査、照合等が機械レベル・人的レベルで行われ、ログ等の記録が残る仕組みになっている。そのため通常はこのような単純な不正は再発しないと思われるが、逆に起こった場合はより問題が大きいだろう。

コンプライアンス遵守の風土

この不祥事は「国際秘密警察」というドラマ仕立てで世間の注目を集めたが、本質的にはA銀行のコンプライアンス遵守のための態勢や風土が未成熟だったと言える。

この事件は約三十年前のものだが、A銀行では似たような事件が平成十九年に発覚し、容疑者として根上元子という女子行員が逮捕されている。この事件は、根上元子が日光支店、鹿沼支店に在籍中の平成七~十九年という長期に亘って総額一億七千五百万円を横領したというもので、手口は定期預金を持っている顧客名義で勝手に総合口座を作成し、貸越によって横領していくという、表には見えにくい総合口座の預金担保貸付を悪用したものだった。根上元子はベテラン行員で、営業店では営業担当代理として入出金などをチェックする立場にあったという。一件当たり貸越上限が二百万円とすれば、八十口座以上が被害にあったはずである。再発防止というものは風化しがちであるが、多額の似たような事件が同じ銀行で発生するというのは、やはりコンプライアンス遵守という風土が欠けている面は否定出来ないだろう。

参考文献

第１話　ベテラン女子行員が起こした計画的横領事件

「愛の罪をつぐないます」伊藤素子（二見書房）

第３話　野放しトレーダーが起こした巨額損失事件

「告白」井口俊英（文春文庫）

第４話　支店長らによる巨額預金証券偽造事件

「旬の自画像」井田真木子（文藝春秋）

第５話　都市銀行行員による顧客殺人事件

「殺人者はそこにいる」新潮４５編集部（新潮文庫）

〈著者略歴〉
井上　享（いのうえ　すすむ）
1960年生。兵庫県出身。1982年慶應義塾大学法学部政治学科卒業。同４月、大阪銀行（現近畿大阪銀行）入行。総合企画部上席調査役等を経て、現在、IFR代表。金融関連企業取締役総合企画部長を兼ねる。CMTA認定アナリスト、経営会計統括士

銀行不祥事《ぎんこうふしょうじ》の落《お》とし穴《あな》　〈検印省略〉

平成21年５月１日　初版発行
１刷　平成21年５月１日

著　者　井《いの》上《うえ》　享《すすむ》

発行者　星《ほし》野《の》広《ひろ》友《とも》

発行所　株式会社　**銀行研修社**

東京都豊島区北大塚3-10-5
TEL. 03-3949-4101(代表)

印刷／神谷印刷株式会社　ISBN978-4-7657-4283-2 C2033
製本／常川製本株式会社
落丁・乱丁はおとりかえします。